所谓情商高
就是会说话

吕冬梅 / 编著

中国人口出版社
China Population Publishing House
全国百佳出版单位

图书在版编目（CIP）数据

所谓情商高就是会说话 / 吕冬梅编著 . -- 北京：中国人口出版社，2022. 6

ISBN 978-7-5101-7887-0

Ⅰ . ①所… Ⅱ . ①吕… Ⅲ . ①语言艺术—通俗读物 Ⅳ . ① H019-49

中国版本图书馆 CIP 数据核字（2021）第 076468 号

所谓情商高就是会说话

SUOWEI QINGSHANG GAO JIUSHI HUI SHUOHUA

吕冬梅　编著

责任编辑　魏志国
责任印制　林　鑫
出版发行　中国人口出版社
印　　刷　三河市燕春印务有限公司
开　　本　710 毫米 ×1000 毫米　1/32
印　　张　4.5
字　　数　95 千字
版　　次　2022 年 6 月第 1 版
印　　次　2022 年 6 月第 1 次印刷
书　　号　ISBN 978-7-5101-7887-0
定　　价　19.80 元

网　　址　www.rkcbs.com.cn
电子信箱　rkcbs@126.com
总编室电话　（010）83519392
发行部电话　（010）83530809
传　　真　（010）83519401
地　　址　北京市西城区广安门南街 80 号中加大厦
邮政编码　100054

前言

PREFACE

在今天这样的信息时代，人们的文化视野、交际视野开阔了，有越来越多的场合需要公开地发表意见，用语言来打动别人。自我推荐、介绍产品、主持会议、商务谈判、交流经验、鼓励员工、化解矛盾、探讨学问、接洽事务、交换信息、传授技艺、交际应酬、传递情感以及娱乐消遣等都离不开说话。另外，看一个人是否有能力，这些能力能否表现出来，在很大程度上也取决于他是否会说话，因此，口才就成了衡量一个人是否有能力的重要标准之一。美国成功学大师戴尔·卡耐基说："当今社会，一个人的成功，仅仅有15%取决于技术知识，而其余85%则取决于人际关系及有效说话等软本领。"由此可见口才技巧的重要性，掌握口才技巧，已经成为现代人成功的必备条件。

说话的根本目的在于表达和沟通，一个会说话的人，遇见陌生人时，知道如何说话能跟对方达成一种"一见如故"的默契；和同事共事时，知道如何说话能受到大家的欢迎；拜访客户时，知道如何说话能赢得客户的心，从而使其决定购买自己的产品；跟恋人或朋友说话时，知道怎样给对方带来乐趣，加深彼此间的感情……而那些不会说话的人，笨嘴拙舌、词不达意，说出很多废话，不能与别人进行有效的沟通，不仅会坐失良机，也很难在事业上有出人头地的机会。真所谓“一句话能把人说得笑，一句话也能把人说得跳”。同样是说话，为什么会有如此大的区别呢？这其中的关键就在于前者在谈话时能够运用各种技巧，把话说到别人的心窝里，从而成功地赢得人们的信任和喜爱。

说话不只是一种“感觉”，还是一门“技术”。就像烹饪有食谱一样，说话也有它的“秘方”。这不是一本无趣的说话励志书，这是一本有趣的口才教科书。不走弯路，快速掌握说话技巧。和任何人都聊得来，世界就是你的。

目录 CONTENTS

第1章

懂心理学，做高情商的沟通者

寻找情感共鸣点，跟任何人都能聊得来

沟通中，要想使得场面更和谐，就一定要找到对方感情的突破口，只有情感上有了共鸣，交流才能继续进行下去。

日常交往并不是总在熟人间进行，有时你甚至要闯入陌生人的领地。当进入一个陌生的家庭、环境时，要迅速打开局面，首先要寻找理想的突破口。有了突破口，便可以以点带面或由此及彼地发挥开去，从而实现让对方在感情上接受你的效果。

纽约某大银行的乔·理特奉上司指示，秘密进入某家公司进行信用调查。正巧理特认识另一家大企业公司的董事长，这位董事长很清楚该公司的行政情形，理特便亲自登门拜访。

当他进入董事长室，才坐定不久，女秘书便从门口探头对董事长说：

“很抱歉，今天我没有邮票拿给您。”

“我那 12 岁的儿子正在收集邮票，所以……”董事长不好意思地向理特解释。

接着理特便开门见山地说明来意，可是董事长却含糊其词，一直不愿做正面回答。理特见此情景，只好离去，没得到一点儿收获。

不久，理特突然想起那位女秘书向董事长说的话，同时也想到他服务的银行国外科每天都有许多来自世界各地的信件，那上面有各国的邮票。

第二天下午，理特又去找那位董事长，告诉他是专程替他儿子送邮票来的。董事长热诚地欢迎了他。理特把邮票交给他，他面露微笑，双手接过邮票，就像得到稀世珍宝似的自言自语："我儿子一定会高兴得不得了。啊！多有价值！"

董事长和理特谈了 40 分钟有关集邮的事情，又让理特看他儿子的照片。之后，没等理特开口，他就自动说出了理特要知道的内幕消息，足足说了一个钟头。他不但把所知道的消息都告诉了理特，又召来部下询问，还打电话请教朋友。理特没想到区区几十张邮票竟让他圆满地完成了任务。

人常说：要让一个母亲开心，那就去赞扬她的孩子。找到情感共鸣，沟通自然会顺畅。

以"利"服人，钓鱼必须知道鱼吃什么

你是否会为他人着想，为他人做一点事呢？几乎所有脱离群体、以自我为中心的人，他们的座右铭都是"人不为己，天诛地灭"。这也就是为什么一旦有人优先考虑他人所托之事时，就会传为美谈，而且备受众人称颂和尊重的原因了。

如果能够充分理解这一点，那么想要说服他人就犹如探囊取物般容易了。只要了解对方真正想追求的利益何在，进而满足他的欲望便可达到目的。

肿瘤患者放疗时，每周测一次血常规，有的患者拒绝检查，主要是因为他们没意识到这种监测的目的是保护自己。

一次，护士小王走进4床房间，说："王大嫂，该抽血了！"

患者拒绝说："不抽，我太瘦了，没有血，我不抽了！"

小王耐心地解释："抽血是因为要检查骨髓的造血功能是否正常，例如，白细胞、红细胞、血小板等，血象太低了就不能继续做放疗，人会很难受，治疗也会中断！对身体也不好。"

患者更好奇地说："降低了又会怎样？"

小王说："降低了，医生就会用药物使它上升，仍然可以放疗！你看，别的病友都抽了！一点点血，对你不会有什么影响的。再说还可以补回来呀。"

患者被说服了："好吧！"

相信很多人都经历过，在说服人或想拜托别人做事情时，不管怎样进攻或恳求对方，对方总是敷衍应付、漠不关心。这时你首先要唤起对方的关心，然后再说服诱导。在推销方面，推销员为了唤起顾客的注意，并达到80%的购买率，往往是先诱导、后说服。

在英国工业革命方兴未艾时，以发明发电机而闻名的法拉第，为了能够得到政府的研究资助，他去拜访首相。

法拉第带着一个发电机的雏形，非常热心并滔滔不绝地讲述着这个划时代的发明。但首相的反应始终很冷淡，一副漠不关心的样子。

事实上，这也是无可奈何的事情，因为他只是一个了不起的政治家，要他看着这种周围缠着线圈的磁石模型，心里想着这将会带给后世产业结构的大转变，实在是太困难了。但是法拉第在说了下面这段话后，却使原本漠不关心的首相突然变得非常关心起来。他说道："首相，这个机械将来如果能普及的话，必定能增加税收。"

显而易见，首相听了法拉第所说的话后，态度突然有了强烈的转变。其原因就是因为这个发动机将来一定会获得相当大的利润，而利润增加必能使政府得到一笔很大的税收，而首相关心的就在于此。

在与人交流时要考虑到对方的利益，那么以"利"服人是一大先决条件。但是，将这条最基本要素抛于脑后的却大有人在，他们没有满足对方最大的利益，一心一意只是想要满足自己的私欲。例如以下这个故事：

日本某酒厂的负责人成功研发了新水果酒，为求尽快让产品打进市场，于是他决定说服社长批准大量生产。

"社长，又有新的产品研发出来了。这次的产品是前所未有的新发明，绝对能畅销。连我都喜欢的东西，绝对有市场。我敢拍胸脯保证。"

"什么新产品？"

"就是这个，用梨汁酿制的白兰地。"

"什么？梨汁酿的白兰地？！那种东西谁会喝？况且喝

白兰地的人本来就少，更甭说用梨汁酿的白兰地……就是我也不会去喝。不行！”

“请您再评估评估，我认为很可行。用梨汁酿酒本来就不多见，再加上梨子有独特的果香，一定很适合现代人的口味。”

“嗯，我觉得还是不行。”

“我认为绝对会畅销……请您再重新考虑一下。”

“你怎么这样唠叨？不行就是不行。”

“好歹也要试试看才知道好坏，这是好不容易才研发出来的呀！”

“够了，滚吧！”

最后，社长终于忍不住发火。这位负责人不仅没能说服社长，反而坏了自己的名声。

该如何做呢？首先应充分考虑对方的利益为何，再考虑自己的利益何在，然后将两者合并起来，找出双方共有的利益所在，最后再着手进行劝说。先不要急着说双方没有共同的利益，一定会有的。重要的是，不要放弃，直到找出为止。

下面我们再看一个例子。卡内基作为钢铁大王却对钢铁制造不甚了解，那么他成功的原因是什么呢？关键就在于他知道如何统御众人。

他知道名字对一个人的重要。当他还是个孩子的时候，在田野里抓到两只兔子，他很快就替它们筑好了窝，但发现没有食物，因此他想到了一个妙计——把邻居小孩找来，如果他们能为兔子找到食物，就以他们的名字来为兔子命名。

这个妙计产生了意想不到的效果，因此卡内基永远也忘不了这个经验。

当卡内基与乔治·波尔曼都在争取一笔汽车生意时，这位钢铁大王又想起了兔子给他的经验。

当时卡内基所经营的中央能运公司正在与波尔曼的公司竞争，他们都想争夺太平洋铁路的生意，但这种互相残杀对彼此的利益都有很大的损害。当卡内基与波尔曼都要去纽约会见太平洋铁路公司的董事长时，他们在尼加拉斯旅馆碰面，卡内基说："波尔曼先生，我们不要再彼此玩弄对方了。"

波尔曼不悦地说："我不懂你的意思。"

于是，卡内基就把心里的计划说出来，希望能兼顾二者的利益，他描述了合作的好处以及竞争的缺点。波尔曼半信半疑地听着，最后问道："那么新公司要叫什么名字呢？"卡内基立刻答道："当然是叫波尔曼汽车公司啦。"

波尔曼顿时展露了笑容，说道："到我的房间来，我们好好讨论这件事。"

一个人可能会同时具有想去相信人，却并不真正相信别人的两种心态。谨慎而顽固的人多持不信任人的态度，并以这种心态来左右自己的行为。他并不是没有相信人的意念，但他更具有希望人家能信任他的强烈意念。对于这种人，先为他设计一套理由："你这么做，不但对你自己，对他人也是有帮助的。"以此来晓以大义将更有说服力，毕竟利益是多多益善的。

譬如，一位买卖宝石和毛皮的推销员对一个正在犹豫不决的主妇说：

“你用这些东西一定能使你更美，而你的先生也会更喜欢你。”

这句话的含义是说你这么做并非全是为了自己，同时也为了你先生。她必定极乐意买下。如果更进一步地说：

“即使你买了它，若想脱手也能高价卖出，这样对于你的家又何尝没有帮助？”

对方一听，必定会认为她买下这个东西并非为她一人，也是为了家庭等。对于一个正在犹豫不决的主妇来说，最好的方法是对她说“不仅对你好，对整个家都好”等类似的话语，必定很容易将货品推销出去。

这种方法并非只适用于商场。日本古代名人丰臣秀吉有一次想没收所有农民的刀枪铁器等，但遭到了农民们的激烈反对。由于他们受过太多的欺骗，对那些统治者也早已恨透了，此时若以强压手段必引起农民的反抗。于是他便灵机一动说：“这次我要将这些没收的武器用来制造寺庙用的器材、铁钉等，使民众得以去寺庙供奉。并且为了国家、为了全民，更需要百姓专心于耕作上。”于是农民们便都心甘情愿地将武器交出了。

在被劝说者缺乏信任的时候，为了将其导向你所设置的既定目标，必须突出这样的利与得，这是说服对方所采取的一种策略。

心理胁迫术：刚柔相济，劝诫更有效

张嘉言驻守广州时，沿海一带设有总兵、参将、游击等官职。总兵、参将部下各有数千名士兵，每天的军粮都要平均分为两份。

参将的士兵每年汛期都要出海巡逻，而总兵所管辖的士兵都借口驻守海防，从来不远行。等到每过三五年要修船不出海时，参将部下的士兵只发给一半的军粮，如果没有船修而不出海，就要每天减去三分之一的军粮，以贮存起来待修船时再用。只有总兵的部下军粮一点也不减，当修船时另外再从民间筹集经费。这种做法已沿袭很久，彼此都视为理所当然。

不料，有一天，巡按将此事报告了军门，请求以后将总兵部下的军粮减少一些，留待以后准备修船时再用。恰巧，这位军门和总兵之间有矛盾，于是就仓促同意削减军粮。

总兵各部官兵听到消息后，立即哄然哗变。他们知道张嘉言在朝廷中很有威信，就径直围逼到张嘉言的大堂之下。

张嘉言神色安然自若，命令手下人传五六个知情者到场，说明事情真相。士兵们蜂拥而上，张嘉言当即将他们喝下堂去，说：

“人多嘴杂，一片吵闹声，我怎么能听清你们说些什么。”

士兵们这才退下。当时正下大雨，士兵们的衣服都淋湿了，张嘉言也不顾惜，只是叫这几个人将情况详细说明。这几个人你一言我一语，都说过去从来没有扣减总兵官兵军粮的先例。

张嘉言说："这件事我也听说了。你们全都不出海巡逻，这也难怪上司削减你们的军粮了。你们要想不减也可以，不过那对你们并没有什么好处。上司从今以后会让你们和参将的士兵一样每年轮换出海巡逻，你们难道能不去吗？如果去了，那么你们也会同他们一样，军粮会被减掉一半。你们费尽心机争取到的东西还是拿不到的，这些肯定要发给那些来替换你们的士兵。如果是这样，你们为什么不听从上司，将军粮稍微减少一点呢？而你们照样还可以做你们大将军的士兵。你们再认真考虑一下吧！"

这几个人低着头，一时无法对答，只是一个劲地说："求老爷转告上司，多多宽大体恤。"

张嘉言问："你们叫什么名字？"

他们都面面相觑不敢回答。

张嘉言顿时骂道："你们不说姓名，如果上司问我'谁禀告你的'，让我怎么回答？"

这几个人只好报了自己的姓名，张嘉言一一记下，然后对他们说：

"你们回去转告各位士兵，这件事我自有处置，劝他们不要闹了。否则，你们几个人的姓名都在我这儿，上司一定会将你们全部斩首。"

这几个人顿时吓得面容失色，连连点头称是，退了出去。

后来，总兵部下的士兵每日被扣军粮，士兵们竟然再也没有闹事的。张嘉言的这招恩威并施堪称经典。

在说服他人的过程中，采用刚柔相济的劝诫之术，一方面能使别人体面地“退”，另一方面又坚持自己的原则，使自己的主张得到采纳，这种方法为许多事情的处理留有余地。

太史公司马迁在《史记·滑稽列传》记载：战国时期，齐威王荒淫无度，不理国政，好为长夜之饮。上行下效，僚属们也全不干正事了，眼看国家就要灭亡。可是就在这种节骨眼上却没有谁敢去进谏，最后只好由“长不满四尺”的淳于髡出面了。但是淳于髡并没有气势汹汹、单刀直入地向齐威王提出规谏，而是先和他搭讪聊天。

他对齐威王说：“咱们齐国有一只大鸟，落在大王的屋顶上已经 3 年了，可是它既不飞，又不叫，大王您知道是什么原因吗？”

齐威王虽然荒淫好酒，但是他本人却和夏桀、商纣有着巨大的不同，所以当听到淳于髡的隐语之后，他就被刺痛并醒悟了。于是很快回答说：“我知道。这只大鸟它不鸣则已，一鸣就要惊人；不飞则已，一飞即将冲天。你就等着看吧！”

说毕立即停歌罢舞，戒酒上朝，切实清理政务，严肃吏治，接见县令共 72 人，赏有功者 1 人，杀有罪者 1 人。随后领兵出征，打退要来侵犯齐国的各路诸侯，夺回被别国侵占去的所有国土，齐国很快又强盛起来。

淳于髡并没有以尖锐的语言来进行劝谏，而是避开话锋，柔语细说中又带有一丝强硬与责备，这样对方很容易主动接受建议。

刚柔相济的方法还可以以两人合作的形式来实施。

一位深受青年喜爱的作家的很多作品都被拍成电影，好多人都曾在影院看过经他的原著改编的影片，影院的观众席都挤满了，观众不时为故事的新颖奇妙鼓掌喝彩，就像 20 世纪 30 年代的美国人为卓别林的表演忍俊不禁一样。影片是侦探片，而最吸引人的是影片中审讯犯人的绝妙技巧：警员声色俱厉地威胁、恐吓犯人，把他逼到山穷水尽的困境，这时又一位陪审的警员出场，他态度十分温和地对罪犯表示信任和理解。

首先罪犯由攻击型的警员来审问，以凌厉的攻势摧毁对方的意志，向他说明他的罪证确凿、他的同伙都招供了等，把他逼到进退两难的边缘。接受了这样的审讯后，有的人会屈服，而顽固的罪犯则会死不认罪。

这种情况下，则派另一位温和型的警员审问他。警员完全站到罪犯的立场上，真心地安慰他、鼓励他“你的兄长都希望你得到宽大处理，希望你为他们考虑”等。面对这种软招，罪犯往往会自惭形秽，坦白自己的一切犯罪行为。

无论是在影片中还是现实生活中，使用这种技巧，罪犯十有八九会坦白认罪的。

这种手法是一种奇异的心理法则，又称“缓解交代法”。

由温和型和攻击型的两个人合作，一方首先把对方逼到心理的死胡同里去，令他一筹莫展；这时另一个人出来指点给他一条路。这种情况下，对方会自然地奔向那条可以脱身的路。

面对不同的人用不同的交谈方式

不同的人所关注和喜欢的东西也会不同，面对不同的人，我们要学会说不同的话。只有投其所好，交谈才能引起对方的兴趣，谈话才能持续下去。

与人交谈时，如果想要达到“交谈甚欢”的境界，最常见的方法就是“投其所好”。要知道，如果你能投其所好，说的话就能深入人心。如果反其所好，只会招来对方的厌恶，甚至还会给自己带来麻烦。

每个人都有可能是他兴趣所在领域的专家，激发对方的兴趣，你不仅会获得新知，有时加以利用，还能够逢凶化吉。

与对方能够畅谈的原则，就是能够顺着对方的喜好，投其所好地交谈。心理学家告诉我们，对于不同类型的人要用不同的交谈方式。

1. 人际关系型

如果对方时常提到自己和某个人的关系，或是某个人和另一个人的关系，就代表他对人际关系很有兴趣。如果你让他知道你也懂得人际关系学，那么，他就会很喜欢和你谈下去。

2. 逻辑思维型

如果这个人说话有条理、很利索，而且用词精确，这种人通常喜欢有逻辑性地去思考，谈话滴水不漏。因此在对话时，你不能只是说出自己的感觉，尽量调动自己的“分析”因子，去分析事物背后的道理。

3. 情感丰富型

当你讨论到对于某个人或某件事情的想法，如果对方说出“这个人好可怜……”之类的话，代表他情感丰富，凡事凭感觉，而且好恶分明。面对这种人，不要谈理论、讲求逻辑分析，他对此可能一点兴趣也没有。

4. 艺术欣赏型

这种人喜欢谈论美术或音乐等话题，你可以和对方讨论最近最热门的商品设计或是音乐表演等，请教对方的意见，不仅让对方有一个表现的机会，你也能从中学到一些知识。

有一位学者曾说过：“如果你能和任何人连续谈上 10 分钟而让对方产生兴趣，那你便是一流的说话高手。”两个陌生人初次见面，如果不能善用机会，投其所好地找出话题，必然不能取得交谈的成功。投其所好，谈论别人感兴趣的事物，会使人感觉受到尊重，同时也是一种深刻了解别人，并与之愉快相处的方式。

尊重别人就是尊重自己

说话一定要给别人留情面，要知道尊重别人就是尊重自己，这样彼此之间才能顺利交流。

有位文化界朋友，每年都会受邀参加某单位的杂志评鉴工作。这项工作虽然报酬不多，但却是一项荣誉，很多人想参加却找不到门路，也有人只参加一两次，就再也没有机会了。有人问这位文化界人士，为何他能年年有此“殊荣”。他在年届退休，不再参加此项工作后才公开秘诀。

他说，他的专业眼光并不是关键，他的职位也不是重点，他之所以能年年被邀请，是因为他很会尊重别人。

他说，他在公开的评审会议上一定把握一个原则：多称赞、鼓励而少批评。但会议结束之后，他会找来杂志的编辑人员，私底下告诉他们编辑上的缺点。

因此虽然杂志有先后名次，但每个人都保住了自尊。正因为他顾虑到别人的自尊，因此无论是承办该项业务的人员还是各杂志的编辑人员，都很尊敬他、喜欢他，当然也就每年找他当评审了。

每个人都要自尊。如果你是个对自尊无所谓的人，那么你必定是个不受欢迎的人；如果你是个只顾自己自尊，却不顾别人自尊的人，那么你必定是个要吃亏的人。

年轻人常犯的错误是，自以为有见解，自以为有口才，逮到机会就大发宏论，把别人批评得脸一阵红一阵白，他自己则大呼痛快。如此下去，总有一天会吃到苦头。

事实上，尊重别人并不难，也无关乎道德，互相尊重基本上就是一种互助。

第2章

完美笑话公式：把对方逗笑，就没有办不成的事

善用幽默，走到哪里你都是焦点

拥有好人缘，未必要比他人多付出多少艰辛。好人缘是在日常生活中通过各种方式不断沉淀和积累而来的，适当的幽默是让自己获得好人缘的有效手段之一。

幽默是人的天性，没有人不向往愉悦的生活。当遇到不如意时，会调侃的人更懂得如何调剂。当受到不公平待遇时，他们即使心情郁闷到极点，也会通过独有的幽默的语言给人传递出快乐的信息。这样的人乐天且幽默，对生活充满激情，浑身上下洋溢着一种能使人愉悦的气场。

在机关单位上班的老陈人缘极好，单位中无论是领导还是同事，只要提到老陈，没有人会说他不好。

老陈是个大胖子，行动不便，可是他从未因为胖而自卑。一次，办公室的同事们趁午休的空当闲聊，说到了“胖”这个话题。性格开朗的老陈对同事们说：“你们信不信，其实我是个极具亲和力的男人。当在公交车上让座时，我完全能够让两位老人或三位身材苗条的女士坐下。”老陈的一席话博得在座的同事哈哈大笑，这种轻松愉快的幽默表现出他非凡的亲和力。老陈的谈吐给同事们带来了轻松感，使交谈的氛围更加和谐融洽。

其实，适当的幽默不但能在日常社交中起着催化剂的作用，让你获得好人缘，还能帮你获得意想不到的收获呢！

紫欣是个性格挑剔而又感性的女孩，大学毕业后交过几个男朋友，结果都无疾而终，这令家人和朋友都很不理解。在众人的期盼之下，紫欣终于宣布了自己即将结婚的消息！

结婚那天，紫欣的好多亲友都来了，看着她幸福的样子，好朋友们禁不住问她："你丈夫到底有什么好，能让你义无反顾地选择了他？"因为朋友们都知道，紫欣的丈夫并不是众多追求者中的佼佼者，他既不是最帅的，也不是最有能力的，而紫欣却欣然地接受了他的求婚。紫欣嫣然一笑，说道："其实没有什么特别的，只是和他在一起我觉得很快乐，无论遇到什么情况，他都能用他那恰到好处的幽默来逗我笑！"

原来如此。新郎以幽默的幽默赢得美人的芳心。

幽默可以为我们带来正面效应，但我们不要就此认为只要是幽默都会收到理想的效果。适当的幽默的确可以为平淡的生活带来一份美意，一丝涟漪，让生活变得不无聊。但是，幽默千万不能过度，肆无忌惮的幽默会让别人觉得自己是在被人开涮，会让人产生误会，更别说获得对方的好感和认可了。

所以，要掌握好幽默的度。幽默要分时间、场合，最重要的是要注意幽默对象，说话要分轻重，这样才能避免不适当幽默而引发的不快。

言语多点幽默，让话语变有趣

幽默是运用意味深长的诙谐语言抒发情感、传递信息，以引起听众的快慰和兴趣，从而感化听众、启迪听众的一种艺术手法。如果我们的言语中能多点幽默，那么我们所说的话将会更加有趣，会吸引更多的人。

一位著名的作家曾经说过：生活中没有哲学还可以活下去，然而没有幽默的话，恐怕只有愚蠢的人才能生存。幽默是一个人的各种学识、才华、智慧在语言中的集中闪现，是一种能抓住可笑或诙谐想象的能力，它是对社会上种种不协调、不合理的荒谬、偏颇、弊端、矛盾实质的揭示和对某些反常规言行的描述。幽默的语言可以使我们内心的紧张和重压释放出来，化作轻松的一笑。在沟通中，幽默的语言如同润滑剂，可有效地降低人与人之间的“摩擦系数”，化解冲突和矛盾，并能使我们从容地摆脱沟通中可能遇到的困境。

有一对夫妇带着一个 6 岁的孩子去租房，他们看中了一处房子，可房东不肯将房子租给他们。原因是她喜欢安静，从不将房子租给有孩子的人。夫妇交涉无果，于是 6 岁的孩子对房东说：“您可将房子租给我呀，我没有孩子，只有爸爸妈妈。”房东真的把房子租给了他们。孩子从成人的视角看问题，构成了独特的趣味思维形式，让人享受到一种自然天成的天真情趣。

由此看来，幽默不是故作天真，而是从多重视角去透视事件或问题，并找出其中富有情趣的一面，对其进行凸显化、集中化的语言处理，从而化紧张、严肃为轻松、谐趣。幽默是人们适应环境的工具，是人类面临困境时减轻精神压力和心理压力的方法之一。契诃夫说过："不懂得开玩笑的人，是没有希望的人。"可见，生活中每个人都应当学会幽默。多一点幽默感，就会少一点气急败坏，少一点偏执极端。

幽默可以淡化人的消极情绪，消除沮丧与痛苦。具有幽默感的人，其生活充满情趣，许多看来令人痛苦烦恼之事，他们却应付得轻松自如。用幽默来处理烦恼与矛盾，会使人感到和谐愉快，友好幸福。那么，怎样使语言富有幽默感呢？不妨试试以下几种方法：

1. 颠倒成趣

把正常的人物关系，或者动机与效果在一定条件下互换位置。

曾风靡一时的舞蹈家邓肯写信向幽默大师萧伯纳求爱，她在信中说："如果我俩结合，生下的孩子既有我美丽的外表，又有你睿智的头脑，这该多妙呀！"萧伯纳却风趣地回信说："如果孩子的外表像我，头脑却像你，那该有多糟啊！"

2. 移花接木

把在某种场合下十分恰当的情节或语言，移植到另一迥然不同的场合中，达到张冠李戴、"荒唐可笑"的幽默效果。

生物学家格瓦列夫在一次讲课时，一位学生突然学起鸡叫，引起一片哄笑。格瓦列夫却不动声色地看了下自己的挂表说："我这只表误时了，没想到现在已是凌晨。不过，请同学们相信我的话，公鸡报晓是低等动物的一种本能。"

3. 故意卖关子

首先故意提出一个容易使人产生误解的结论，然后再做出一个出人意料的分析和解释。

作家柯南·道尔在罗马时，一次乘坐出租车去旅馆，途中与司机聊了起来。司机问："你是柯南·道尔先生吗？"

"你怎么知道我的名字？"柯南·道尔奇怪地问道。

"啊，简单得很，你是在罗马车站上车的，你的穿着是英国式的，你的口袋里露出一本侦探小说来。"

"太了不起了！"柯南·道尔叫起来，他很惊奇在意大利会碰到第二个"福尔摩斯"。他习惯地问一句："你还看到其他什么痕迹没有？"

"没有，没有别的，除了在你皮箱上我还看到你的名字外。"

可见，司机故意卖关子，让柯南·道尔误以为他是第二个"福尔摩斯"。然后，司机再出乎意料地解释，造成强烈的幽默感。

4. 巧设悬念

当你叙述某件趣事的时候，不要急于显示结果，应当沉住气，给听众营造一种悬念。假如你迫不及待地把结果讲出来，或通过表情动作的变化透露出来，幽默便会失去效力，只能让人感到扫兴。

美国有个倒卖香烟的商人到法国做生意。一天，他在巴黎的一个集市上大谈抽烟的好处。突然，从听众中走出一位老人，径自走到台前，那位商人吃了一惊。

老人在台上站定后，便大声说道："女士们，先生们，对于抽烟的好处，除了这位先生讲的以外，还有三大好处哩！"美国商人一听这话，连连向老人道谢："谢谢您了，先生，看您相貌不凡，肯定是位学识渊博的老人，请你把抽烟的三大好处当众讲讲吧！"老人微微一笑，说道："第一，狗害怕抽烟的人，一见就逃。"台下听众一片轰动，商人不由得心里暗暗高兴。"第二，小偷不敢偷抽烟者的东西。"台下听众连连称奇，商人更加高兴。"第三，抽烟的人永不老。"台下听众惊诧不已，商人更加喜不自禁，听众中要求解释的声音一浪高过一浪。老人把手一摆，说道："请安静，我给大家解释！"商人格外振奋催促老人快说："老先生，请您快讲！""第一，抽烟之人驼背的多，狗一见到他认为是在弯腰拾石头打它，能不害怕吗？"台下听众笑出了声，商人心里一惊。"第二，抽烟的人夜里爱咳嗽，小偷以为他没睡着，所以不敢去偷。"台下听众一阵大笑，商人大汗直冒。"第三，抽烟人短命，所以没有机会衰老。"台下听众哄堂大笑。此时，大家发现商人不知什么时候溜走了。

这则幽默一波三折，层层推进。老人在把听众的胃口吊得足够"高"时，才不慌不忙地把真实意思表达出来，这就是巧设悬念的魅力。

在与别人交往时难免会发生一些不必要的摩擦。如果此时从容地开个玩笑，紧张的气氛就能得以缓解，而且对方还会被你的魅力所吸引，被你的宽广胸怀所感动，最后真心实意接受你。

幽默是一种智慧的表现，它必须建立在拥有丰富知识的基础上。一个人只有具备审时度势的能力、广博的知识，才能做到谈吐幽默，妙言成趣。因此，要培养幽默感必须不断充实自我，不断从浩如烟海的书籍中汲取幽默的智慧。

将幽默融入意见中去

想要向别人表达不满或者其他意见却又不想直接说时，我们可以将幽默融入意见中，这样既不伤人，又能达到预期的目的。

工作和生活中经常会出现一些让人不能认同的做法，如果理直气壮地说出自己的想法，甚至略带指责的语气，那么对方不仅无法心悦诚服地接受你的意见，还会认为你是个自大狂。此时不妨换个方式提意见，将幽默融入你的意见之中。

当遇到令人不痛快的事情时，利用幽默来表达自己的意见，双方相互一笑，事情也就过去了。

杨小姐是一家餐厅的服务员，时常遭遇客人的刁难。一天，餐厅来了一位喜欢挑剔的女士，点了一份煎鸡蛋，正好是杨小姐接待的。女士对杨小姐说："我要的煎鸡蛋和别人的不一样，蛋白要全熟，但是蛋黄要生的。放少许盐，放少许胡椒粉。最重要的是，鸡蛋一定要是乡下散养的柴母鸡刚刚下的新鲜鸡蛋！"

杨小姐听过她的诸多要求后，气得不行，但是她没有用不满的语气提出意见，而是出乎意料地说："您提出的这些要求我都记下了，但是对于您所要求的那只下蛋的母鸡我还要确认一下，它的名字叫小美，您看合适吗？"

故事中，杨小姐没有直接表达她对这位挑剔女士所提的苛刻要求的不满，而是顺着对方的思路，提出了一个更不符合逻辑的可笑问题来提醒对方：她的要求实在是过分，根本无法满足。

杨小姐所说出的任何一个字都没有伤及对方，这样不但提出了意见，而且也维护了那位女顾客的自尊。试想，在这种情况下，那位挑剔的女士还会因为对母鸡的名字不满而继续挑剔吗？

婉言曲说成幽默

有些事直接发表自己的见解不太合适，容易让人误解或不愉快，婉言曲说是很好的方法，而且这种婉言曲说不同于修辞里的委婉修辞方法，它是形成幽默的一种语言艺术。

王麻子是个极爱占小便宜的人，常常在别人家白吃白喝，吃完了上顿等下顿，住了两天住三天。一次，他在一位朋友家里吃了三天后，问主人道："今天弄什么好吃的呀？"

主人想了想，说："今天我们弄麻雀肉吃吧！"

"哪来那么多麻雀肉呢？"

主人说："先撒些稻谷在晒场上，趁麻雀来吃时，就用牛拉上石磨一碾，不就得了吗？"

这个爱占便宜的人连连摇手说："这个办法不行，这样还不等石磨过来，麻雀早就飞跑了。"

主人一语双关地说："麻雀是占惯了便宜的，只要有了好吃的，怎么碾（撵）也碾（撵）不走。"

现在我们谈论的"婉言曲说"的幽默法，可以说是"婉曲"的变格，它是指说话人故意把所要表达的本意绕个圈子曲折地说出来，利用婉言来获得幽默效果。

克诺先生来到一个陌生的城市，走进一家小旅馆，他想在那儿过夜。

"一个单间带供应早餐要多少钱？"他问旅馆老板。

"不同房间有不同的价格，二楼房间 15 马克一天，三楼房间 12 马克一天，四楼 10 马克，五楼只要 7 马克。"

克诺先生考虑了几分钟，然后提起箱子就走。

"您觉得价格太高了吗？"老板问。

"不，"克诺回答，"是您的房子还不够高。"

一般说来，幽默应避免敌意和冲突，否则，幽默就会被减弱或者消亡。从这个意义上讲，婉言曲说最适合构成幽默。

一个法国出版商想得到著名作家的赞扬，借以抬高自己的身价。他想，要得到一个大人物的好感，必须先赞扬他。

这天，他去拜访一位知名作家。他看到作家的书桌上正摊着一篇评论巴尔扎克小说的文章，便说："啊，先生，您又在评论巴尔扎克了。的确，多少年来，真正懂得巴尔扎克作品的人太少了，算来算去，也只有两个。"

作家一听就明白了出版商的意图，便让他继续说下去。"这两个人，其中一个是您了。可是还有一个呢？您说，他应当是谁？"

作家说："那当然是巴尔扎克自己了。"

出版商顿时像泄了气的皮球，悻悻地走了。

出版商想求得知名作家的赞扬，故意登门拜访。作家呢，不好直接拒绝，就来了个婉言曲说。出版商把世间懂巴尔扎克作品的人确定为两个，一个，他自然要送给作家了；另一个，他是给自己预备的。但自己说出来，那太没涵养，况且自己认可的东西并不一定能得到作家的赞同，还是启发作家说出来吧。由此，出版商一直沿着自己的设计和思路，怀着一个目的——他期待着作家的赞扬，让作家指出他是懂巴尔扎克作品的人。

作家并不回绝对方的话，因为那太扫人兴了。但是他有意漠视对方的"话外音"，一句答话，让对方的期待栽了个大跟头。作家回答的是，另一个懂巴尔扎克的人是巴尔扎克自己，于是对方没戏唱了，只好散场。

幽默是一种高超的语言艺术，这种艺术是在婉言曲说中产生的。说话直愣的人不可能创造出幽默来。按部就班，一是一，二是二，实说实，虚说虚，没有任何的发挥就不可能碰撞出幽默的火花。

第3章

好心情原理：时机对了，怎么说不重要

会听话，更要会适时说话

在工作中，作为下属，我们除了要随时倾听领导的话之外，更要在领导需要时适时地说话，这样才能得到领导的信任。

安陵君是战国时期一个非常受楚王宠爱的大臣。他位高权重，享尽了荣华富贵，其他的大臣无不对他敬佩有加，对此安陵君感到十分的高兴。但是，他的朋友江乙却觉得安陵君现在虽然享受着荣华富贵，但是这些都是楚王给予他的，所以安陵君必须巩固住自己在楚王心中的地位，否则要是有一天楚王不再宠爱他了，那么他就什么都没有了。于是江乙对安陵君说："您看，虽然现在您待遇优厚，国人都对您跪拜行礼，听从您的号令，但是这些都是楚王给您的，我们都知道酒肉朋友不可信，以色事人者不能长久。同样地，楚王总有不再宠爱您的时候，那时您要怎么办呢？"

听了江乙的话，安陵君也想到了自己的地位可能有所不保，于是他请教江乙该怎么办。江乙告诉他说：只要告诉大王您愿意和他同生共死就可以了。安陵君欣然接受了江乙的意见，但是过了三年的时间，安陵君并没有向楚王进言。江乙感到十分不高兴，他质问安陵君是不是不相信他说的话，安陵君解释说不是他不相信江乙，而是说话的时机还没有到。

就这样又过了一段时间，这一天楚王带着众大臣到云梦泽去打猎。期间一头野牛冲着楚王狂奔而来，结果被楚王一箭射死了，对于楚王精准的箭法，随侍的大臣和护卫们都齐声称赞，一时间整个云梦泽都掌声雷动。

楚王自己也十分高兴，感叹道："今天的游猎让我非常的愉快啊，但是等到我死去后，谁还能和我一起享受像今天这样的快乐呢？"

群臣一时不知该如何应对，安陵君知道他说话的时机到来了，于是他痛哭流涕地来到楚王的面前说："大王一直厚待我，大王允许我和您坐在一起，和您乘坐同一辆马车，大王对我的恩惠太多了，等到大王去世之后，我愿意和大王一起奔赴黄泉，为大王鞍前马后在所不惜。"

听了安陵君的话，楚王感动不已，他立即封赏了安陵君，从此安陵君的地位再无人能撼动了。

世人在谈论这件事时都对江乙的才智大加赞赏，但是更加钦佩的是安陵君把握时机的能力。

孔子在《论语·季氏》里说："言未及之而言谓之躁，言及之而不言谓之隐，未见颜色而言谓之瞽。"这句话的意思是：不该说话的时候说了，叫作急躁；应该说话的时候却不说，叫作隐瞒；不看对方的脸色变化，贸然信口开河，叫作闭着眼睛瞎说。

这三种毛病都是没有把握说话的时机，没有注意说话的策略和技巧。因为说话是双方的交流，不是一个人的单方面行为，它要受到诸如说话对象、设定时间、周边环境等种种限制，所以说话要把握时机。如果该说的时候不说，时机转瞬即逝，很快便会失去成功的机会。同样地，如果不顾说话对象的心态，不注意周边的环境气氛，不到说话的火候却急于抢着说，很可能引起对方的误解甚至反感。如果信口开河，乱说一通，后果就更加严重。

作为下属除了具备才能，善于听领导的话之外，更要具有能够在适当的时机说话的能力。有些事情虽然我们想要和领导说，但是我们首先要做好和领导谈话的准备，把所有领导可能提出的问题都列出来，不要在和领导交谈时语意不明、表述不清或者逻辑混乱。

然后要了解领导的性格爱好，找到能够投其所好的说话方式，用自己真诚的态度去打动领导。

当时机成熟时，不要犹豫，一定要及时和领导沟通，不要错失良机。这时我们要记住，不要在领导面前夸夸其谈、弄虚作假。同时，当领导的观点和自己的想法相冲突时，不要正面和领导冲撞，要学会用委婉的方式表达自己的意愿，避免在交谈中得意忘形。

还要记得不要因为害怕承担责任而在和领导交谈时总是强调某些事情和自己无关，这会让领导觉得你是一个没有担当的人，这些言语会招来领导的反感和厌恶。

在工作中，我们不但要做到该听的时候听，还要做到该说的时候说，只有这样我们才能得到领导的信任，在事业上更上一层楼。

话不投机，赶紧转弯

下属在与领导谈话时，由于话题的不定性，很有可能从一个话题又转入另一个话题。谁也不会想到，谈着谈着，就与当时的气氛格格不入，这时也应及时“转弯”。即出现和领导话不投机的情况时，要学会及时转换话题，避免双方陷入尴尬之中。

话不投机有多种情况，在和领导沟通时尤其要注意这些情况，及早预防，以便保证和领导的沟通能顺畅地进行下去。

其一，某种言谈举止使领导感到为难，那就要及时转换话题，协调气氛。

两个下属去领导家里做客，在谈话中提到：

“经理，听说您的夫人是位优秀的职业培训师，改天让她去给我们公司开一场职业培训讲座吧？”

经理为难地沉默了片刻，说：“那是我以前的爱人，前不久分手了。”

“哦？对不起，经理……”

“没什么，喝点水吧。”

“经理，我们公司这回的活动，您看这样宣传……”

这样转换话题，特别是提出领导很愿意谈的话题，就会使谈话很快恢复正常，使气氛活跃起来。

其二是和领导意见对立谈不拢，但问题还要解决，不能回避，这种话不投机的情况就需要绕路引导。

其三是在说话过程中，当领导有意无意地触到我们心中的隐私、忌讳或者自己不愿回答的问题时，如果一时没有好办法应答，那么就干脆避而不答，或者沉默不语；或者转移话题，使在场者的注意力从自己身上挪开。当领导见你对其问题不予回答，在尴尬的同时会很快意识到自己的失言，从而不会再追问。

某单位一女领导结婚，在单位散发喜糖，刚巧该单位有一位尚未谈到对象的大龄女下属。大家吃着糖，突然这位女领导笑着对那位女下属说："喂，什么时候吃你的喜糖？"大家都望着那位女下属。那位女下属脸微微一红，把眼光停留在女领导的身上，然后指着那位女领导身上的一件款式新颖的上衣问："咦？领导，您这件上衣真好看，什么时候买的？在哪个商店买的？"

女领导被她转换了话题，两个人便兴致勃勃地谈起了那件衣服。

和领导说话出现话不投机的情况，有的时候是由领导造成的，有的时候是自己造成的，但无论起因于谁，你都应该主动转移话题，使双方快速从尴尬中摆脱出来，这样才能保证你和领导之间的沟通得以继续进行下去。

切合时机，说出恰当的话

作为一个聪明的下属，要领悟领导的做事方法与技巧，在具体事务中通过察言观色猜测领导的意图，选择在合适的时机说出适宜的话。

大明房地产公司在市郊投资了一块地皮，正准备建造一批商品房，由于刚交付了一大笔土地使用费，再加上各种手续的费用，公司流动资金便有些紧张。小道消息传出后，承包商怕投资的钱打水漂，纷纷来公司索要欠款。

这一天，建筑承包商王某来公司见老板，希望把上期的 60 万欠款结清。老板很为难，他知道，欠债还钱，天经地义，公司也有能力拿出 60 万还款。但是最近用钱的地方太多了，虽然给他 60 万不多，如果别的地方再用钱就比较紧张了。而且二期工程马上要开工，公司还希望继续做工程。不过假如一分钱不还的话，其他承包商肯定人心惶惶，公司的损失不可预计，但这又不便直接向承包商全部透露。

于是，老板将公司会计小刘叫进来，问："目前公司账上还有多少钱？看看有没有 60 万余款拿出给王总。"

小刘心里知道，老板不可能对公司的账目一无所知，叫自己进来是因为承包商要账，其实老板既不想让承包商以为自己的财务紧张，又不想把所有的还款放出去。

小刘考虑了一下工程的进度和财务的进账出账，说："老板，目前账上还有几百万元的资金，但是土地开发的费用在今天下午需要交到土地管理局，另外还需要上交税务款，今天只能拿出 30 万现款，不过，等下期工程完成后，房子卖出去，就会有一笔款入账。"

老板听完后很不好意思地跟王某说："王总，您一向了解，开工前公司的资金总是流转不开，小刘会计的话您听到了，这样，今天先还给您30万，等工程完工，肯定少不了您的钱，行吗？”

王某想想，情况确实也是，并且欠款已经拿到一半，便也无话可说，告辞离开。老板因为借会计小刘之语顺利解决困难，达到了自己的目的，等承包商走后，老板对小刘的随机应变称赞有加。

在上面的例子中，如果小刘直接说有几百万流动资金，可以给承包商结清欠款，那么老板就难做了。即使结清了，后期资金也很容易出现问题。如果不结清，承包商肯定更不会罢休。小刘正是通过察言观色，明白领导的心思，顺应老板的意图，说出了领导想说的话。

其实，小刘面临的情况在公司里时常会有发生，这个时候，作为下属的你如若能和领导很默契地配合，为其排忧解难，相信会赢得领导的信任和赞赏。

和领导说话讲究的是一个时机的问题。俗话说，天时不如地利，地利不如人和。说话做事的时机对于成败的结果往往起关键的影响作用，当你切入的时机成熟，可能会事半功倍。如果时机不成熟或时机不对，往往不会有效果，更有甚者，则会收到与预期相反的效果。

第4章

欲扬先抑定律：批评有套路，对事不对人

批评别人时要给对方台阶下

当批评别人的时候，对方可能会有下不来台的时候。这个时候如果能巧妙地给人台阶下，就可以为对方挽回面子，缓和紧张难堪的气氛，使事情能顺利进行。要达到这样的目的，就应该学会使用下列的技巧，在批评别人时给对方台阶下。

1. 给对方寻找一个善意的动机

装作不理解对方的尴尬举动，故意给对方找一个善意的行为动机，给对方铺一个台阶下。

有一位老师曾经讲过这样一个故事：

一天中午，他路过学校后操场时，发现前两天帮助搬运实验器材的几位同学正拿着一个实验室特有的凸透镜在阳光下做“聚焦”实验。当时那位老师就想：他们哪来的透镜？难道是在搬器材时趁人不备拿了一个？实验室正丢了一枚。是上去问个究竟还是视而不见绕道而去？为难之时，同学们发现了那位老师，从同学们慌张的神情中老师肯定了自己的判断。当时的空气就像凝固了似的，但是这位老师很快想出了一个妙方，他笑着说：“哟，这透镜找到了！谢谢你们！昨天我到实验室准备实验，发现少了一个透镜，我想大概是搬器材过程中丢失了，我沿途找了好几遍都未能找到，谢谢你们帮我找到了这个透镜。这样吧，你们继续实验，下午还给我也不迟。”同学们轻松地点了点头，一场尴尬就这样被轻松解决了。

这位老师采用了故意曲解的方法，装作不懂学生的真实意图，反装作是他们帮助自己找到了透镜，将责怪化成了感激，自然令学生在摆脱尴尬的同时又羞愧不已。

2. 委“过”于不在现场的第三者

故意将对方的责任归于不在现场的他人，主动地为对方寻找遮掩不妥行为的方法。

一位女顾客在某商场为丈夫购买了一套西服，回家穿后，丈夫不大喜欢这种颜色。于是，她急忙将西服包好，干洗后拿到商场去退货。面对服务员，她说那件衣服绝对没穿过。

服务员检查衣服时，发现了衣服有干洗的痕迹。机敏的服务员并没有当场找出证据来拆穿她，因为服务员懂得一旦那样做，顾客会为了顾及自己的面子而死不承认的。这位服务员就为顾客找了一个台阶。她微笑着说：“夫人，我想是不是您家的那位搞错了，把衣服送到洗衣店去了？我自己前不久也发生过这类事，我把买的新衣服和其他衣服放在一起，结果我丈夫把新衣服送去洗了。我想，您是否也碰到了这种事情，因为这衣服确实有洗过的痕迹。”

这位女顾客知道自己错了，并且意识到服务员给了她台阶下，于是不好意思地拿起衣服，离开了商场。

3. 将尴尬的事情严肃化

故意以严肃的态度面对对方的尴尬举动，消除其中的可笑意味，缓解对方的紧张心理。

第二次世界大战时，一位德高望重的英国将军举办了一场祝捷酒会。除上层人士之外，将军还特意邀请了一批作战勇敢的士兵，酒会自然是热烈而隆重。没料想，一位从乡下入伍的士兵不懂酒席上的一些规矩，捧着面前的一碗供洗手用的水喝了，顿时引来达官贵人、夫人小姐的一片讥笑声。那士兵一下子面红耳赤，无地自容。此时，将军慢慢地站起来，端着自己面前的那碗洗手水，面向全场贵宾，充满激情地说道："我提议，为我们这些英勇杀敌、拼死为国的士兵们干了这一碗。"言罢，一饮而尽，全场为之肃然，少顷，人人均仰脖而干。此时，士兵们已是泪流满面。

在这个故事里，将军为了帮助自己的士兵摆脱窘境，恢复酒会的气氛，采用了将可笑事件严肃化的办法，不但不讥笑士兵的尴尬举动，而且将该举动定性为向杀敌英雄致敬的严肃行为。乡下士兵不但将尴尬一扫而尽，而且获得了莫大的荣誉，成为在场的焦点人物。

批评时应遵守的原则

世上没有十全十美的人，每个人都有可能会犯错。有的人会忍不住大发雷霆，严厉斥责犯错的人。然而在一阵狂风暴雨之后，你可能会沮丧地发现，你的“善意”并没有被对方所接受。倘若，我们给批评裹上“糖衣”，也许批评会更容易为人所接受。

其实，批评不一定要用尖刻的言语，有时“温柔细语”更能起到劝说、批评所要的效果。

在生活和工作中，批评是必不可少的，因为缺点每个人都有，只有认识到自己的缺点并加以改正，才有可能获得进步。这就是批评的价值所在。

但是，在批评时，一定要讲究方式、方法，否则难以达到预期效果。那么，批评需要遵循哪些原则呢？

1. 体谅对方的情绪

开门见山地批评他人显得有点残酷，会给对方的心理蒙上一层阴影。所以，当你在批评他人时，不妨设身处地地站在对方的立场考虑一下，自己是否能接受得了这种批评。如果批评的话自己听来都有些生硬，那么就该检讨一下自己的措辞。

另外，也要考虑批评的场合。不注意场合的批评，任何人都很难接受。

2. 诚恳而友好的态度

批评是一个敏感的话题，哪怕是轻微的批评，都不会使人感到舒畅，而且，批评者此时会显得很挑剔。所以，如果批评者态度不诚恳，居高临下，反而会引发矛盾，使对方产生对立情绪。

因此，批评必须注意态度，诚恳而友好的态度往往能使摩擦减少，使批评达到预期效果。

3. 只说眼前，不提过去

批评应该站在如何解决当前问题，将来如何改进的立场上进行。

这样的批评才是理想、得当的。

4. 批评时一对一，莫让他人听到

批评时若有他人在场，被批评者会有屈辱感，由此心生反感，找理由辩解，而无心自省。因此，不到万不得已，不要当众批评他人。

看透不点透：事情说得太白会伤和气

人非圣贤，有时难免会做一些不适当的事。在这种情况下，就要把握好指责他人的分寸，即使看破别人的心思也不要去点破。

在人际交往中，有的事不必弄得太明白，只要大家心知肚明就可以了。俗话说：看透别说透。事情说得太白，反而会伤和气，或显得太无聊。懂得此道理，在交际中自然游刃有余。

相反，那些事事追究到底，口无遮拦地说出心中所想的人，在很多时候往往会破坏原本融洽或是可能融洽的气氛。

在一次会议上，张教授遇见了一位文艺评论家。互通姓名后，张教授对这位文艺评论家说："久仰久仰，早就知道您对星宿很有研究，是位大名鼎鼎的天文学家。"评论家半天没有反应过来，以为是张教授搞错了，忙说："张教授，您可真会开玩笑，我是搞文艺评论的，并不研究什么天文现象。您是不是弄错了。"张教授正言答道："我怎么是跟您开玩笑呢。在您发表的文章里，我时常看到您不断发现了什么'舞台新星''歌坛之星''文坛明星'等众多的星宿，想来您一定是个非凡的天文学家。"弄得这位评论家尴尬不已，什么也没说，坐了一会儿就走了。

为人处世，虽需练就一双"火眼金睛"，同时也要看准说话时机，这样才能万无一失。像故事中的张教授自以为自己看得挺明白，于是就对人大加指责；说话时不考虑对方的感受，在处理事情时得到的结果也自然不同了。

谁都会有出错的时候，如果只是一味地泄私愤、横加批评、讲刺话，总是数落对方"你怎么这么笨""你怎么总是这样""你这样做太不应该了"等，是不太妥当的。

人非圣贤，有时难免会做一些不适当的事。在这种情况下，就要把握好指责他人的分寸，即使看破别人的心思也不要去点破。要保全别人的自尊。

因此，当某人行事真有问题时，在他内心有时会反省，觉得抱歉、恐慌、不知所措，此时如果你再批评指责他，那么他会因为你的谴责而羞愧难过，有的甚至从此一蹶不振，无法再树立自信。如果换种语气，换个方式，比如，“从今以后，你会做得比这次好”，或者“我想，下次你一定不会再犯这样的错误了”等诸如此类的话，对方不仅会感激你对他的信任，同时会感受到你的真诚，更重要的是有了改正错误的信心，对方在今后的工作、生活中，必定小心谨慎。

第5章

第一印象：5分钟与陌生人成为朋友的心理策略

制造“一见如故”的感觉

交往之始，如果话说得好就能赢得陌生人的好感，进而更容易营造“一见如故”的氛围。

良好的第一印象是叩开交际大门的门票。第一句话说得好自然会拉近人们的距离。交往中的第一句话，绝不只是可有可无的寒暄，它将决定你们整个交往的感觉以及接下来互动的方向。所以，如果你想在后面的交往中如鱼得水，不妨先说好你的第一句话。

小金是上海一家文化传媒公司的经理秘书，负责接待从北京过来担任公司短期培训顾问的袁教授。在机场初次见面简单问好之后，小金说道：“袁教授您肯定不常来上海，这几天我带您到几个著名的景点去逛逛，让您看看上海的新面貌……”袁教授表情冷淡地回应:“不必了,我本身就是上海人,当初我在上海的时候你还没出生呢。”袁教授的反应出乎小金的意料，却又在情理之中。

小金本是好意，想要在初次见面时拉近双方的距离，营造出轻松、活跃的氛围，但她的第一句话拿捏得并不恰当，她的表达没有让袁教授感觉到应有尊重和分寸。

试想一下，如果小金这样说，袁教授的反应还会跟之前一样吗：“袁教授，您去过不少地方，见多识广，哪个城市给您留下的印象最深刻呢？不知道您对上海的评价怎样？您一路辛苦了，这几天的活动就交给我来安排吧……”显然，如果小金能在与袁教授初次见面时，运用更妥当的表达方式，接下来的接待过程将会顺利得多。

第一次见面时，双方还只是素不相识的陌生人，因此，整个互动实际上是一个敏感而充满疑虑、试探的过程，第一句话也就显得尤为重要。这是打消对方的疑虑，增进双方信任感和安全感的关键。卡耐基说：“良好的第一印象是登堂入室的门票。”这里的第一印象常常被理解为相貌、服饰、举止、神态，却忽略掉最重要的一点——你和对方所说的第一句话。交往中的第一句话绝不只是可有可无的寒暄。如果想在后面的交往过程中如鱼得水，不妨先说好你的第一句话。

怎样才能说好交往中的第一句话呢？最重要的一点当然是选择合乎时宜的内容，而这是一个动态的过程，需要结合对方的身份、年龄、偏好，以及你们之前的关系、当时所处的情境等方面综合考虑。有一些原则是通用的：首先你要带着真诚和热情开始你们的交流，你是否真心要建立起交流关系，在你开口说话之前就能通过你的眼神为对方所感知；其次是要以尊重和包容为前提，无论对方和你处于怎样的情境和关系，尊重是你开口说话时应该带有的最基本的感情基调。再次是要带着兴趣去观察对方的特点、偏好，这有助于你有针对性地选择话题的方向。你可以考虑通过以下三种方式找出你们的第一个话题：

1. 从对方的地域找话题

一个人的口音就是一张有声的名片。我们可以从口音本身及其提供的地域引起很多话题。例如，从乡音说到地域，从地域说到他家乡的风土人情、名胜古迹等。

2. 从有关的物件中找话题

例如，客户办公室放有杂志，就可以从杂志找话题。还有一些物品是可以作为话题，用试探的口气来交谈的。比如，询问对方拥有的某一产品的产地、价格等，以此为话题和对方搭话，找到说话的机会。

3. 从对方的衣着穿戴上找话题

一个人的衣着、举止在一定的程度上可以反映出其身份、地位和气质，同样可以作为你判断并选择话题的依据。比如，你所见的人开了一辆宝马车，手上戴了一块劳力士表，你就可以主动问："如果我没有猜错的话您一定是位商界中的佼佼者！"一语即出，对方会有几分吃惊地说："你真是好眼力！"紧接着，就可以谈很多与企业生产、经营有关的话题了。即使你猜错了也不要紧，因为你把他看成企业家本身是一种赞美，对方心里也会高兴，并会礼貌地说出自己的真正身份。

另外，在开始交流时充分运用你的肢体语言，也会让你收到意想不到的效果。除了说话的内容以外，在这里，我们要推荐一些关于说话时的神情、动作、语气、语调的有用准则：

运用腹腔呼吸，不要用胸腔来呼吸，这样声音才会有力；

说话时把声调放低，这样听起来平稳、和谐，也更显得魅力十足；

多说“我行”“我可以”“我能做到”“我会做好的”之类有信心的话，你的感觉会变得更好，别人也会增加对你的信心；

说话时配合一些手势，眼睛看着对方，并面带微笑，这样可以增强语言的感染力。

恰当的称呼是欢快畅聊的开关

沟通伊始，恰当地称呼别人十分重要，一个恰当的称呼可以叫到别人的心坎里，让别人更容易接受你。而不恰当的称呼则可能让别人的心里不舒服，进而影响接下来的交往。

在社交中，称呼是必不可少的。在职场交往中，人们对称呼是否恰当十分敏感。尤其是初次交往，称呼往往影响交际的效果。有时因称呼不当会使交往双方产生感情上的障碍。不同时代、不同国家、不同地区、不同社会集团之间都有不同的称呼，但也有共同的称呼，如，太太、小姐、女士、先生。因此，你必须懂得恰当地称呼别人，这样别人才会感到舒服，进而增进双方的感情。

有一位善于交际的朋友，在很多场合他都能结识很多新人。他是怎么做的呢？他对比自己小的年轻人总是很亲切地直呼其名，并以亲如兄长般的态度赢得小弟、小妹们的尊敬与喜爱。即使在他住院期间，他也能与医务人员打成一片。

他曾说："与人交往中，首先要学会恰当地称呼别人，这样才能使人对你产生好印象。"

事实确实如此，就拿找人来说，你如果说："喂，总经理在哪里？"被问的人肯定不会理你。如果你礼貌地说："你好，请问王总去哪了？"那他则会很高兴地告诉你。

此外，在交往中，称呼还要合乎常规，要照顾到被称呼者的个人习惯，同时，还要注意入乡随俗。而根据场合，又可以分为工作中的称呼和生活中的称呼两种，在具体实践中各有不同。

在日常生活中，称呼应当亲切、自然、准确、合理。

在工作岗位上，人们彼此之间的称呼是有其特殊性的，应当庄重、正式、规范。

在工作中，最常用的称呼方法就是以交往对象的职务相称，以强调其特殊身份及自己的敬意，如"陈总（经理）""王处长"等。

对于具有职称者，尤其是具有高级、中级职称者，可以在工作中直接以其职称相称，如"侯教授""张工（程师）"等。而以头衔作为称呼，则能增加被称呼者的权威性，更加有助于增强现场的学术气氛，如"陈博士"等。

使用称呼还要注意主次关系及年龄特点。如果现场有多人，应以先长后幼、先上后下、先疏后亲的顺序为宜。如在宴请宾客时，一般要按女士、先生、朋友们的顺序称呼。使用称呼时还要考虑心理因素。

客气的称呼会使对方感到愉快。在有些场合，如果你适当地喊出对方的名字，更会使人感到亲切愉快。

与重要人物见面，说话时阵脚不可乱

重要人物也是人，与重要人物见面时首先要克服羞怯畏惧的心理，说话的时候才能不自乱阵脚。

很多人都有这样的困扰——在生活或工作中遇上了名人、领导或者对自己有帮助的重要人物，心里十分想迅速接近他们，进行一场融洽的交谈，但始终找不到一个突破点，或者交流过程中总觉得非常僵硬。其实，与这些重要人物交流也有一定的技巧。“大人物”也是人，他们也有和平常人一样的感情世界。

所以，与这些重要人物交往，不要有羞怯畏惧的心理，只要真正表现你内心的想法，你就能与任何重要人物开口说话。这一点是与重要人物交往最基本的要领。当然，要想顺利地与这些人进行交谈，我们还需要对不同类型的重要人物进行了解与分析，做足准备工作。

1. 与名人说话

名人往往比寻常人有更多的成就，而且也有各自的嗜好。当你准备去拜访某位名流时，你可以预先就谈话内容做点儿准备。

遇到有名的作家、诗人、画家、音乐家等从事创作的人，我们可以准备一些他们感兴趣的话题来与他们探讨，因为这类人往往有广泛的兴趣。他们在社交场合或许不活跃，但往往也有启发人们思想的独到之处。与他们讨论一些问题，可以让他们将独特的见解表达出来。与这些人交谈，必须耐心，不要轻易动怒，也不要太热切，要温和、冷静和体贴。

在多数情况下，与名人谈孩子是不会错的。从孩子入手，谈话就容易进行，但要注意话题不要扯得太远，要适可而止，更不要试图打探别人的隐私。

2. 与专业人士说话

在社交场合中，我们不宜向各种有地位的专业人士要求提供免费的建议。即使你的问法很有技巧，那也是一种冒犯。你问得再有技巧也瞒不过专业人士的眼睛。各界专业人士的职务便是他们向客户出售的商品。我们应该在他们营业的时候咨询各种建议。

与重要人物说话，最基本，也是最重要的是自然和真诚。有些人看到名人、富人等大人物只是一味地说些奉承话和空话，这是不能和对方交流愉快的。面对这些重要人物，你大可不必紧张，所谓的“重要人物”也像普通人一样，抵不过疲倦，也承受不住伤害。

第6章

逆反心理：给足面子，三言两语搞定他

适当地“贬低”自己

某一年年底，日本一家电视台为了制作迎新晚会，邀请了一些具有知名度的演艺人员参加，齐聚一堂。当时摄影棚里准备了一桌美味的佳肴，还有装饰豪华的背景。虽是庆祝会，但演艺人员却因紧张而个个面色沉重，气氛严肃。

就在大伙儿面面相觑的时刻，橘家圆藏突然摆出一副天真的小孩模样，竟然吃起摆在桌上的菜肴，还津津有味地说：“真好吃。各位，我先用啦！”大家看到这样有趣的画面，每个人都把心情放松，严肃的气氛顿时消融。

脱口秀表演者橘家圆藏平易近人把自己当天真的小孩来改善所有人的心情，这需要相当的智慧。

一家酒店正在为员工们举办贺岁宴会，并邀请员工眷属共同参与，员工们的先生、太太、孩子齐聚一堂。然而，在这种大众齐聚的场合里，平日谈笑风生的男女服务生却哑口无言，场面有点尴尬。这时一男性员工勇敢地站起来同大家打哈哈，企图缓和僵硬的气氛，他笑嘻嘻地对着群众述说自己昔日的失恋经验，炒股票赔了不少金钱，以及在家中挨老婆责骂等故事。当众人听到这位男性员工失败的经历后，整个会场的气氛便开始热闹起来了。

或许有人没有勇气这样做。没关系，对于比较害羞的人，还有一个技巧。例如，与其他人第一次见面时，在双方互相不了解的情况下，彼此心中可能都会提高警觉，谈话也总是不够起劲，因此对话尴尬又不自在。这时，不妨以自己的失败经验当话题。这样一来即使是不擅赞扬他人的人，也能因此达到缓和气氛的效果。

炫耀自己仅会引起别人的反感，而谈及自己的失败经验，不但会增强对方的自尊心，更能打开对方的心扉，让对方坦然地接受你。

“示弱”比“示强”更讨人喜欢

在人际交往中，“示弱”是极高的智慧。要与人和谐相处，讨人喜欢，必须学会示弱。

生活中向人示弱，可以小忍而不乱大谋；工作中向人示弱，可以蓄势待发。强者示弱，可以展示你的博大胸襟；弱者示弱，可以积累时间渐渐变得强大。

美国第九任总统威廉·亨利·哈里逊出生在一个小镇上，他小时候是个文静怕羞的孩子，人们常喜欢捉弄他。他们经常把一枚 5 分硬币和一枚 1 角的硬币扔在他的面前，让他任意捡一个，威廉总是捡那个 5 分的，于是大家都嘲笑他。有一天，一位好心人问他：“难道你不知道 1 角比 5 分钱值钱吗？”

“当然知道，”威廉慢条斯理地说，“不过，如果我捡了那个1角的，恐怕他们就再没有兴趣扔钱给我了。”

与陌生人相处，适当示弱是一种真诚的体现。但大多数时候，我们都习惯在别人面前展示自己坚强美好的一面，总想掩饰自己脆弱的一面。社会心理学家指出，适当地在别人面前表现你比较脆弱的一面，更容易拉近彼此间的心理距离。

向对手示弱，是一种策略。示弱只为迷惑对手，使其麻痹，然后选择时机出奇制胜。

在上级或长辈面前示弱，是一种生存本领。初入社会的年轻人多不懂此理，一开始便以恃才傲物的姿态面对生活，阻断了别人向自己传授经验的机会，给自己以后的发展留下了隐患。

当然，示弱并非奴颜婢膝地献媚，这样做只会自取其辱。恰当地示弱，是为了虚心求教，养精蓄锐，蓄势待发。

表现得强势，必然会让人产生距离感，给人不好相处的印象。要与人拉近距离，打好关系，就要收起棱角，学会示弱。向人示威，人人都会，向人示弱却并非人人能做到，因为示弱既需要勇气也是一种智慧。

人心都是肉长的，情到深时洒些眼泪，可以有效地感动对方。

与刘璋涪城相会时，刘备“挥泪诉告衷肠”。这次哭，使得川中军民皆感受到刘备的仁慈。这也是刘备日后进攻西川时，川中将士多有弃甲倒戈者，百姓夹道欢迎的主要原因。

有时说话要隐晦些

直言直语固然好，但有时说话还是要隐晦一些。什么话该摊开来说，什么话该隐晦地说，我们要做到心中有数。

在表达一些意愿和请求时，如果能够合理地把握说话时的分寸，暗藏在话语背后的真意一样可以传达给对方。

1. 以退为进，让人主动接受

暑假时，某高校决定组织青年志愿者到孤儿院献爱心。

班主任向所有志愿者提出一项要求："希望每位成员能带一名孤儿到自己家中共同过暑假，让他们感受家庭的温暖。"把好不容易盼来的假期全部花在照料孤儿上，这的确有些勉为其难，当时，就遭到了大家无声的拒绝。

短暂的冷场后，班主任微微一笑，说："我知道这样可能使大家为难了。这样吧，我尊重大家的选择，把原计划改为每周抽出一天时间陪孩子一起逛逛公园、做做游戏，这样总可以了吧？"这一提议获得了大家的一致通过。

其实，这只不过是班主任的一个策略而已。他的真实用意实际上就是希望志愿者每周能抽出一天时间陪陪孤儿，不过他明白，在暑假里即使这样一个请求，实践起来也是有一定难度的。于是在提出这样一个请求前，他干脆提出了一个更大的请求——让他们整个暑假照料孤儿，这一请求不出所料地遭到大家的拒绝。只不过，在已经拒绝一次的情况下，再提出一个请求，而且两次请求相权衡，大家自然会选择后者。

2. 满足需要，让人自动回避

19 世纪，在维也纳上层社会的妇女中时兴一种高筒、宽檐的帽子，帽檐上装饰着五颜六色的羽翎。当这些女士进入剧场时，坐在她们后面的观众就只能看到她们的帽子而看不见舞台，于是不少观众向剧场经理提出抗议。

剧场经理起初只是一味地请求女士们脱帽，但女士们谁也不理睬。后来，经理眉头一皱，计上心来，对女士们说："本剧场照顾年老的女士，只有她们可以不脱帽。"此言一出，剧场中所有的女士都摘下了帽子。

上面这个故事中，剧场经理抓住女士们都希望自己年轻貌美的心理需求而说出的话，让女士们乖乖地摘下帽子。因为剧场经理激起了她们维护自己年轻的心理需求。

以退为进，满足需求都是为了使隐晦的语言能够更好地发挥效用，因此，我们在说话时完全可以借助上面的表达方式，该明说的话要明说，不适宜明说的话要用隐晦的方式说出来。

暗示，不伤自尊的言语控制术

在日常交际中，当需要批评或提醒他人而又不便直接向他提出时，便可考虑使用侧面暗示法，从而达到启示、提醒、劝阻、教育他人的目的。

会说话的人知道哪些话可以说，哪些话不可以说。他们懂得用委婉含蓄的话语不经意地暗示别人，在坚持自己原则的同时又不会令对方太过难堪。

有一次，小王家里来了客人，聊了几个小时后，这位客人还无意离去。

小王因还有其他事情要做，屡次暗示客人，但是那位客人却“执迷不悟”。小王无奈之中心生一计，对他说：“我家的花开得正旺，我们到园子里去看看？”

客人欣然而起，于是小王陪他到花园里观赏花。看完后，小王趁机说：“还去坐坐吗？”

客人看看天色，恍然大悟地说：“不了，不了，我该回家了，要不就错过末班车了。”

小王没有直接说明自己有其他事情要做而是用不经意的话暗示对方，不仅没有让对方感到尴尬，而且也达到了自己的目的。

一天，几位青年人去拜访某教授。不知不觉已谈到深夜，教授接着其中一位青年人的话题说：“你提的这个问题很值得研究，明天我去 A 城参加一个学术会，准备就这个问题找几位专家一块儿聊聊。”听完教授的话，几位青年立刻起身告辞：“很抱歉，不知道您明天还要出差，耽误您休息了。”

如果遇上了一位不知情的客人，你让他走也不是，不走也不是，这可是件很让人尴尬的事情。这时，你不妨采取一些巧妙的暗示。诸如看看钟表，或者随意地问他忙否，然后再告诉他你最近都很忙。一般地，稍微敏感点的客人肯定就会起身告辞，但若是“执迷不悟”的客人于此无动于衷，我们就可以巧妙地转移一下地点，像小王那样用一下“调虎离山”之计，这样既维护了彼此的情感，又不至于耽误自己的事情，可谓两全其美。

在一家高级餐馆里，有一位顾客把餐巾系在脖子上，餐馆经理对此很反感。于是，他叫来了一个女服务员说：“你要让这位绅士懂得，在我们的餐馆里，那样做是不允许的，但话要说得尽量委婉些。”女服务员来到那位顾客的桌旁，很有礼貌地问：“先生，您是刮胡子，还是理发？”话音一落，顾客立即意识到自己的失礼，赶快取下了餐巾。

这位聪明的女服务员没有直接指出客人有失体统之处，却拐弯抹角地问两件与餐馆毫不相干的事——刮胡子和理发，表面上看来似乎是女服务员问错了，而实际上她通过这种风马牛不相及的事情来提醒这位顾客，不仅使顾客意识到自己失礼之处，又做到了礼貌待客，不伤害顾客的自尊。

第7章

南风法则：一句暖心话，让他心甘情愿为你做事

温和的言语让人更舒服

这里所说的“温和言语”中的“温和”有两层含义，一是指说话的方式温和，二是指所说的内容温和。所谓说话的方式温和，是指开口说话的时候，以温和、安详、委婉的语调和语气说话；所谓说话的内容温和，是指所说的内容真实可靠，实事求是，能够使人的心情趋于温和、愉悦，并且使人的思想积极向善，而不是引发贪婪、憎恨、不满和抱怨等痛苦的情绪。

查尔斯·史考勃有一次经过他的钢铁厂。当时是中午休息时间，他看到几个人正在抽烟，而在他们的头上，正好有一块大招牌，上面清清楚楚地写着“严禁吸烟”。如果史考勃指着那块牌子对他们说：“难道你们都是文盲吗？！”这样显然只会招致工人对他的逆反和憎恶。

史考勃没有那么做，相反，他朝那些人走去，友好地递给他们几根雪茄，说：“诸位，如果你们能到外面抽掉这些雪茄，那我真是感激不尽了。”吸烟的人立刻知道自己违反了规定，于是，便一个个把烟头掐灭，同时对史考勃产生了好感和尊敬之情。

因为史考勃没有简单地斥责，而是使用了充满人情味的温和的表达方式和温和的言语，使别人乐于接受他的批评。

这样的人，谁不乐于和他共事呢？其实，不仅是领导对下属采取温和的说话方式会让下属敞开心扉，接受批评，就是在我们与周围人的一般交往中，也是如此。

俗话说："良言一句三冬暖，恶语伤人六月寒。"当我们以尊重、温和、友好的方式和人交谈时，对方就会在不知不觉中向我们靠近，并愿意敞开心扉，与我们亲切地交谈。如果我们以一种居高临下的姿态跟人说话，甚至言辞不恭或太犀利的话，对方就会对我们垒起一堵"心墙"，让我们无法靠近。

胡洛克是美国最有成就的音乐经纪人之一。二十多年来，他一直跟艺术家有来往——像夏里亚宾·伊莎德拉、邓肯，以及帕夫洛瓦这些世界闻名的艺术家。胡洛克说，与这些脾气暴躁的明星们接触中所学到的第一件事就是必须温和地对待他们，特别是在跟他们交谈的时候。

他曾担任夏里亚宾的经纪人达 3 年之久——夏里亚宾是最伟大的男低音歌唱家之一，曾风靡大都会歌剧院。然而，他却一直是个"问题人物"。他像一个被宠坏的小孩，用胡洛克的话来说："他是个各方面都叫人头痛的家伙。"

例如，夏里亚宾会在他演唱的那天中午，打电话给胡洛克说："胡洛克先生，我觉得很不舒服。我的喉咙像一块生的碎牛肉饼，今晚我不能上台演唱了。"胡洛克是否立刻就和他吵了起来？不，没有。他知道一个经纪人不能以这种方式对待艺术家。于是，他马上赶到夏里亚宾的旅馆，表现得十分温和。"多可怜呀，"他极其忧伤地说，"多可怜！我可怜的朋友。当然，你不能演唱，我立刻就把这场演唱会取消。这只不过使你损失一点钱而已，但跟你的名誉比较起来，根本算不了什么。”

这时，夏里亚宾会叹一口气说：“也许，你最好下午再过来一次。五点钟的时候来吧！看看我怎么样。”

到了下午五点钟，胡洛克又赶到他的旅馆去，仍然是一副十分温和的姿态。他再度坚持取消演唱会，夏里亚宾再度叹口气说：“哦！也许你最好待会儿再来看看我。我那时可能好一点了。”

到了 7∶30，这位伟大的男低音答应登台演唱了，他要求胡洛克先上大都会的舞台宣布说，夏里亚宾患了重伤风，嗓子不太好。胡洛克就答应他照办，因为他知道，这是使这位伟大而怪脾气的男低音走上舞台的唯一办法。

胡洛克用自己温和的语言，打动了一个个难缠的艺术家。这告诉我们在这个世界上，没有一个人喜欢说话态度蛮横、语气生硬、粗暴无礼的人，也没有一个人喜欢言语尖酸刻薄的人。

仔细观察就会发现，言语尖酸刻薄、不温和实际上是招致人讨厌的主要原因。言语生硬、刻薄的人，会让周围的人对其产生极大的厌恶。

被拒绝了心里肯定不好受，对于拒绝后的处理方式，因人而异。面对不合理的要求，有的下属仗着年轻气盛，一句话就给领导顶回去了，搞得双方不欢而散。有的下属虽然心里有些不快，却还能冷静下来，用平和的语气来对领导晓之以理。显然后者是讨人喜欢的，能让领导冷静地予以思考并认为你很有涵养，转机说不定就会在此发生。

在一家企业面试中，小齐凭借自己的实力已经通过了笔试和前几轮面试。

在最后一轮面试过程中，考官突然问道："经过了这轮面试，我们认为你不适合我们的单位，决定不录用你，你自己认为你有哪些不足？"

面对考官的问题，小齐虽然很失望，也比较气愤，但还是平静地回答道：

"我认为面试向来是一半靠实力，一半靠运气的。我们不能指望一次面试就能对一个人的才能、品格有充分的了解和认识。通过这次面试，我学到了很多东西，也发现了自己的不足——既有临场经验的不足，也有知识储备的不足。希望以后能有机会向各位考官讨教。我会好好地总结经验，加强学习，弥补不足，避免在今后工作中再出现类似的问题。另外，希望考官能对我全面、客观地进行考察，我一定会努力，使自己尽量适应岗位的要求。"

其实，考官这是在考察小齐的应变能力，并非真的对他不满，如果他们认为小齐不合适，不可能会再问他问题。

因此，小齐沉着应对，回答时非常谦虚，把重点放在弥补弱点上，这可以看出他积极进取的品质，甚至他还表示要诚恳地向考官讨教，无形中博取了他们的好感。下属向领导提议时亦是如此，遭遇领导拒绝后，如果任凭自己内心的不满发泄出来，只会让领导觉得你不明事理。而如果你能在遭遇拒绝后仍保持言语和气，循序渐进地对领导晓之以理动之以情，相信领导会重新考虑你的提议，有可能你的目的就达到了。

如果一个人没有“言语温和”的素质，那么这个人的一生将在痛苦的争吵声中度过，很难找到祥和与温暖的时光。观察周围的很多人就会发现，不少人其实并没有其他特殊的本领，只是掌握了“言语温和”的基本素质，则其一生也是在幸福和成功之中度过。而又有不少人，虽然拥有一些出众的才能，可是脾气却很暴躁，语言也不温和，出口就让周围的人不开心，这样的人往往一生充满坎坷，家庭不幸福，人际关系也恶劣。

林语堂说：“如果我们在世界里有了知识而不能了解，有了批评而不能欣赏，有了美而没有爱，有了真理而缺乏热情，有了公义而缺乏慈悲。有了礼貌而无温暖的心，这种世界将是一个多么可怜的世界啊。”所以，一个人要具备“言语温和”的禀性，培养“温和”与“谨慎”的心灵。当我们的心灵变得温和时，言语自然就会温和；当我们的心灵变得谨慎而细致时，说话自然就会把握分寸，使人感到温暖而体贴。如果一个人具备言语温和的禀性，这个人自己也会感到祥和与安乐，并且也会受到他人的欢迎和赞扬。

说话的魅力在于真诚

真诚的语言是最能打动人的，巧妙地运用充满真情实意的话语，可以促使说者与听者产生情感共鸣，可以使双方的关系变得融洽，从而营造出一种良好的沟通氛围，赢得良好的人际关系，为成功创造有利的条件。

1915 年，小洛克菲勒还是科罗拉多州一个不起眼的人物。当时，发生了美国工业史上最激烈的罢工，并且持续达两年之久。愤怒的矿工要求科罗拉多燃料钢铁公司提高薪水，小洛克菲勒正负责管理这家公司。由于群情激奋，公司的财产遭受破坏，军队前来镇压，因而造成流血，不少罢工工人被射杀。

那种情况，可以说是民怨沸腾。小洛克菲勒后来却赢得了罢工者的信服，他是怎么做到的呢？

原来，小洛克菲勒花了好几个星期结交朋友，并向罢工者代表发表了一次充满真情的演说。那次的演说可谓不朽，它不但平息了众怒，还为他自己赢得了不少赞誉。演说的内容是这样的：

“这是我一生当中最值得纪念的日子，因为这是我第一次有幸能和这家大公司的员工代表见面，还有公司行政人员和管理人员。我可以告诉你们，我很高兴站在这里，有生之年都不会忘记这次聚会。假如这次聚会提早两个星期举行，那么对你们来说，我只是个陌生人，我也只认得少数几张面孔。由于上个星期以来，我有机会拜访整个附近南区矿场的营地，私下和大部分代表交谈过，我拜访过你们的家庭，与你们的家人见过面，因而现在我不算是陌生人，可以说是朋友了。基于这份相互的友谊，我很高兴有这个机会和大家讨论我们的共同利益。由于这个会议是由出资方和劳工代表所组成，承蒙你们的好意，我得以坐在这里。虽然我并非股东或劳工，但我深觉与你们关系密切。从某种意义上说，也代表了出资方和劳工。”

这样一番充满真诚的话语，可能是化敌为友的最佳途径。假如小洛克菲勒采用的是另一种方法，即与矿工们争得面红耳赤，用不堪入耳的话骂他们，或用话暗示错在他们，用各种理由证明矿工的不是，那结果只能是招惹更多怨恨和暴行。

此外，在人际交往中，我们经常会遇到“祝贺”这种交往形式，一般是指对社会生活中有喜庆意义的人或事表示良好的祝愿和热烈的庆贺。通过祝贺表示你对对方的理解、支持、关心、鼓励和祝愿，以抒发情怀，增进感情。

祝贺的语言要真诚、富有感情色彩，语气、表情、姿态等都要有情感性。这样才会有较强的鼓动性与感染力，才能达到抒发感情、增进友谊的目的。

道歉也是人际交往中常见的交流活动。为人处世，犯错误总是难免的，毕竟“人非圣贤，孰能无过”。但是犯错误后的态度非常重要。所以犯错误后，我们首先要坦率承认、真诚道歉。

你道歉的时候态度真诚，别人就会原谅你。相反，有的人在犯错后态度极差，道歉时让人看不到一丝真诚，有的甚至根本就不道歉，只是一味地为自己辩解，结果使彼此之间的裂痕越来越大。

孔子云："有朋自远方来，不亦乐乎！"道出了朋友间的真情厚谊，反映了他们肝胆相照，充满真诚的交往过程。可以说，充满真诚、以诚暖人是交友沟通、打动人心的重要因素，是赢得知心朋友的关键所在。

善意的交谈让你更容易为人接受

与人交谈时，如果态度良好，更容易赢得别人的好感，你也就更容易为人所接受。

"善待他人就是尊重自己。"给别人一片晴朗的天空，就是给自己一片明媚的天空。当你由衷发现他人的优点、好处、能力时，人家同时也发现了你的优点、好处、能力。善待他人就是善待自己，这是做人的基本原则。

孟子曾经说过："君子莫大乎与人为善。"那些慷慨付出、不求回报的人，往往容易获得成功。而那些自私吝啬、斤斤计较的人，不仅找不到合作伙伴，甚至有可能成为孤家寡人。有人可能会问：怎样才算与人为善呢？与人为善说起来很简单，做起来却不是一件容易的事，它包括相当广泛的内容。如：关心他人，当朋友遇到困难的时候，主动伸出援助之手。尊重他人，不去探究他人的隐私，不在背后议论、批评他人。善于和别人沟通、交流。善于和那些与自己兴趣、性格不同的人交往。承认对方的价值和努力，对于错误要负起自己该负的责任……总的说来，善待他人的最重要原则就是“己所不欲，勿施于人”，凡事要从对方的角度来考虑。如果你能遵从这个原则，你将获得许多好朋友、好伙伴。

战国时代的名将吴起很懂得与人为善就是善待自己这个道理。

《史记》中载有一个关于吴起的故事：他爱兵如子，深得士兵们的爱戴。有一次，一个刚刚入伍的小兵在战争中负了伤，因战场上缺医少药，等到打完仗回到后方时，那位小兵的伤口已经化脓生疽。吴起在巡营的时候发现了，他二话没说，立刻蹲下来，用嘴为那位士兵吸吮伤口、消炎疗伤。那位小士兵见大将军竟然如此对待自己，感动得热泪盈眶，说不出一句话。其他士兵们看了，也深受感动。正因为吴起如此善待士兵，所以士兵们个个英勇善战。

可见，与人为善是我们在寻求成功的过程中必须遵守的一条基本准则。在当今这样一个崇尚合作的社会中，人与人之间更是一种互动的关系。只有我们先善待别人，善意地帮助别人，才能处理好人际关系，从而获得与他人的愉快合作。

我们静下心来仔细思考一下，会发现自己可能很少会赞美他人。我们跟他人比较时，总是会找到对方的缺点，总是会说谁谁谁又做错了、某某某很笨，遇到人家做成功什么事情后，我们会心里说："这有什么，要是我肯定能做得比他好。"而当一个人做事情失败后，我们中间很多人又会在内心里说："瞧瞧，他多笨呀，不行就是不行……"凡此种种，其实就是我们不懂得善待他人的结果。

生活总是千差万别的，人的能力也是各种各样的，其实这跟我们的十个手指头不可能一样齐是一个道理。当一个不如自己的人，通过努力在做一件事情，我们用自己由衷的言语赞美一下，对于我们这可能不算什么，但是如果我们想象一下，对方听到这赞美之词，会是一种什么样的心情呢？当一个强于自己的人，轻易完成一件事情后，我们给他赞美的同时，我们也会发现他成功的原因，我们会在关注他的同时发现他强于我们的原因，我们会要求自己朝着他成功的方向去努力，这总比我们嫉妒他、不服气他要好多了吧？当遇到一个做错事情的人，特别是那种做错事情又伤害我们的人，如果我们宽恕他，给他改过的机会，我们得到的肯定不再是气愤之类的感觉。当一个人遇到困难的时候，我们尽力帮助他、善待他，试想一下，当对方说"谢谢"的时候，我们是不是也很开心呢？

皖南山区某县有一个青年农民，他种的水稻品种好、产量高，他总是将自己的优良水稻品种无偿地送给村里的人。村民问他："你这样做不怕我们超过你吗？"这位青年农民回答："我将好种子送给你们，其实也是帮自己。"他知道，周围的人们改良了他们的水稻品种，可以避免自己的水稻品种产生异变，导致减产。

生活中常是这样：对人多一份理解和宽容，其实就是支持和帮助自己，善待他人就是善待自己。如同有句话说的那样：赠人玫瑰，手有余香。

可见，善待他人是人们在寻求成功的过程中应该遵守的一条基本准则。在当今这样一个需要合作的社会中，人与人之间更是一种互动的关系。只有我们先去善待别人，帮助别人，才能处理好人际关系。

有人说良好的人际关系不单单是行动上做出来的，更是从心底里“流”出来的。这句话很有哲理，它告诉我们在人际交往中要以诚待人，用“心”和他人交往。

在追求成功的过程中，任何人都离不开与他人的合作。尤其是在现代社会里，如果你想获得成功，就应该想方设法获得周围人的支持和帮助。只有你真诚地对待别人，对方才会与你真诚合作。请记住：善待他人也就是善待自己！

先为对方着想

与对方沟通交流时，最重要的就是能够以真情感动对方。说话的时候先为对方着想，无疑是很好的办法。

因为一般情况下，自己对某一件事所认为的“对”或“好”并不能代表别人的看法。在沟通时最好先得知对方的看法。

看别人怎么理解，你就能采取正确的方式讲话和行事。若你径自表现出“好”或“对”，而不去弄清楚对方是否有相同的看法，你可能会惊讶于对方的反应。

所以在谈话之前你所要做的就是尽你所能了解别人的背景、观点和热诚程度，你因而可以知道：

什么使他们兴奋，什么使他们厌烦，什么使他们害怕。

他们上班时是什么人，他们下班时是什么人。

他们生活中真正需要什么，他们是怎么获得的。

……

知道这些问题的答案，可以避免你犯难堪的错误，使你们的沟通更加融洽。

平时我们最常听到人们的三项抱怨是：

（1）他们认为别人不听他们的话；

（2）他们觉得得不到尊重；

（3）他们认为别人想办法要控制或操纵他们。

在与别人谈话的过程中，如果你先提自己的需要，这三种情况是最可能发生的。你先提别人的需要，它们就最不可能发生。

有些人对自己的兴趣大过对别人的兴趣，对自己的需要，热衷程度远强于对别的需要。但是如果你先提对方最有兴趣的，他们需要的事情，就能引起他们的注意，建立感情，且赢得他们的信任和尊敬。

当你提对方所需，为对方着想时，你会发现许多可喜的变化，而这些变化对你也是有利的。

首先，当你先提对方的需要时，对方会有以下表现：

（1）较快开始聆听；

（2）比较注意力集中；

（3）听得较久；

（4）对你所说的记得较多；

（5）比较尊重你；

（6）认为你是比较聪明的人，甚至是较好的人，因此你会得到较大的活动空间和自由；

（7）等你说你自己的需要时，对方会专心地听。

相比较而言，这对先提对方需要的小投资，会有相当好的回报。

另一方面，若你先提自己的需要，人们常不愿聆听，他们甚至可能以愤怒的眼神和僵硬的表情回敬你，怀疑你不考虑他们的需要。这种恐惧和不信任很容易就爆发公开的敌对。

此外，人通常在冲突开始时会焦虑。任何能缓和他们恐惧的方法，都会使情形变得较轻松和对每个人较有利。在这种时候，如果你先为对方着想，提出他人的需要就是一种很好的解决途径。在一些重大事情中，先提对方的需要，也会使你们成为合作伙伴。你们合作，联合解决问题，而不是互相对抗。

所以，在与对方交往沟通时，如果想取得较为满意的结果，你就必须先为对方着想，满足对方所需。

朋友失意，安慰的话一定要得体

当我们的朋友遭遇不幸时，我们的反应往往不够得体。我们总是说出他们不愿意听的话，令他们难过，他们需要我们时，我们却不在他们身边。或者，就是和他们见了面，我们也故意回避那个敏感的话题。既然我们并非存心对他们无礼或冷漠，那么，为什么我们会在其实愿意帮忙的时候有那样的表现呢？

我们大多数人都有过这样的经验，就是无意中说错了一句话，巴不得能把它收回。我们怎样才能在某个人处于困难时对他说出适当的话呢？虽然没有严格的准则，但有些办法可帮助我们衡量情况和做出得体而真诚的反应，这里是一些建议：

1. 留意对方的感受，不要以自己为中心

当你去探访一个遭遇不幸的人时，你要记得你到那里去是为了支持他和帮助他。你要留意对方的感受，而不要只顾自己的感受。

不要以朋友的不幸际遇为借口，而把你自己的类似经历拉扯出来。要是你只是说："我是过来人，我明白你的心情。"那当然没有什么关系。但是你不能说："我的 ×× 死后，我有一个星期吃不下东西。"每个人的悲伤方式并不相同，所以你不能硬要一个不像你那样公开表露情绪的人感到内疚。

2. 尽量静心倾听，接受他的感受

丧失了亲人的人需要哀悼，需要经过悲伤的各个阶段和说出他们的感受和回忆。这样的人谈得越多，越能产生疗效。要顺着你朋友的意愿行事，不要设法去逗他开心。只要静心倾听，接受他的感受，并表示了解他的心情。有些在悲痛中的人不愿意多说话，你也要尊重他的这种态度。一个正在接受化学治疗的人说，她最感激一个朋友的关怀。那个朋友每天给她打一次电话，每次谈话都不超过一分钟，只是让她知道他惦记着她，但是并不坚持要她报告病情。

3. 主动提供具体的援助

一个悲恸的人可能对日常生活的细节感到不胜负荷。你可以自告奋勇，向他表示愿意替他跑腿，帮他完成一项工作，或是替他接送学钢琴的孩子。“我摔断背骨时，觉得生活完全不在我掌握之中。”一位有个孩子的离婚妇人说，“后来我的邻居们轮流替我开车，使我能够放松下来。”

第8章

『赞美』催眠法：千言万语，不如给他点个『赞』

人人都渴望被夸奖

赞美对任何人来说都是必不可少的。心理学家威廉·詹姆士曾说过："人类本质中最殷切的要求就是渴望被肯定。"的确，当一个人应该得到赞美而得不到时就会心灰意冷、牢骚满腹，甚至从此自暴自弃。反之，当他听到别人对自己长处的赞美时，就会感到愉快，鼓起奋进的勇气。即使他现在还不够完美，只要你给他充分的、恰如其分的赞美和肯定，那么在不久的将来，你就会惊喜地发现，他已经成为你想让他成为的那类人了。

从心理学的角度来看，人们的行为受到动机的支配，而动机又是随着人们的心理需要而产生的。一旦人们渴望得到他人肯定的心理需要得到满足，便会成为使其积极向上的原动力。比如在训练运动员的过程中，如果教练员能够适时地对运动员所取得的训练成绩加以肯定，很多时候就可以促使运动员完成他一直无法完成的某一高难度动作或姿势。

赫洛定律是一种人际关系的需求理论，它强调满足对方的渴求，以此获得他人的认可与信任。就说话而言，我们与人交谈，从某种意义而言，就是一种探求对方需求的过程，通过这种过程，我们知晓对方的心理活动，由此确定下一步谈话的内容。根据赫洛定律，我们可以探求各种人对不同幽默的喜好，随之在谈话中多多运用对方喜欢的幽默段子，那么和谐而欢娱的气氛就油然而生。

喜欢被赞美是人的一种本性。古今中外无数人的言行都证明了这一点。

卡耐基小时候是一个公认的非常淘气的男孩。在他 9 岁的时候，父亲把继母娶进家门。当时他们是居住在弗吉尼亚州的乡下的贫苦人家，而继母则来自条件较好的家庭。他父亲向她介绍卡耐基时说："亲爱的，希望你注意这个本地最坏的男孩，他可让我头疼死了，说不定他会在明天早餐以前拿石头扔你，或者做出别的坏事，总之让你防不胜防。"

出乎卡耐基意料的是，继母微笑着走到他面前，托起他的头看看他，接着又看看丈夫，说："你错了，他不是本地最坏的男孩，而是最聪明的但还没有找到发挥他聪明才智的方式的男孩。"继母的话说得卡耐基心里热乎乎的，因为在继母到来之前，没有一个人称赞他聪明，他的眼泪几乎滚落下来。从此以后，他和继母建立起友谊，而这也成为激励他的一种动力，使他日后创造了成功的 28 项黄金法则，帮助千千万万的普通人走上了成功和致富的光明大道。

人性深处，所有人都渴望被赞美。因为赞美，我们可以获得更多前行的动力；因为赞赏，我们可以确认自己存在的价值。吉祥上师对这一人性特点曾做过精准的剖析，他认为："我们大多数人总是希望得到别人的赞美，却很吝啬对别人的赞美。当我们做了一点小事的时候，总是希望别人可以来表扬自己。这是很多人都在不断重复的思维怪圈。"上师提醒我们说：“应该多赞美别人，想想当我们取得小小进步，或者做了一点小事，别人总是击掌称赞的时候；想想我们在获得赞扬时的兴奋与喜悦，我们就应该怀着感恩的心，时刻提醒自己，好好去为别人的努力鼓掌，无论成功或失败。”

没有人不会为真心诚意的赞赏所触动，领导也是如此。下属要善于抓住领导胜过别人的、最引以为豪的东西，并将其放在突出的位置进行赞美，这样往往能起到出乎意料的效果，达到和领导沟通的良性效果。对于这一点，历史上还有一个很经典的实例。

古时候，一个叫彭玉麟的官员，有一次路过一条狭窄的小巷。一个女子正在用竹竿晾晒衣服，一不小心竹竿掉了下来，正好打在他的头上。彭玉麟勃然大怒，指着女子破口大骂起来。那女子一看，认出是官员彭玉麟，不禁冷汗直冒。但她猛然间急中生智，便正色道：“你这副腔调，像行伍里的人，这样蛮横无理。你可知彭宫保就在我们此地！他清廉正直，爱民如子，如果我去告诉他老人家，怕要砍了你的脑袋呢！”彭玉麟一听这女子夸赞自己，不禁喜气上升，而且又意识到自己的失态，马上心平气和地走了。

晒衣女面对彭玉麟的怒气，急中生智，采用美誉推崇的方式来遏止对方。她装作不知道对方是谁反而斥责对方蛮横无理，并且夸彭宫保清廉正直，说向其告状会治他的罪。这并非“当面”夸奖，却胜过当面夸奖，说得彭玉麟心里美滋滋的：自己在民间居然有这么好的吏治声誉，绝不应该为这些小事而损害形象。幡然醒悟之后，便转怒为笑，一场眼看要爆发的争吵就这样巧妙地化解了。

晒衣女的这一招的确高明，一顶恰到好处的“高帽”往往能浇灭对方的怒火，因为维护自己在别人心目中的好形象是每个人本能的选择，在一番赞美面前，谁还有心情去生气呢？

另外，对领导说的赞美话要切合实际，如果到领导家里，与其乱捧一场，不如赞美领导的房子布置得别出心裁，或欣赏壁上的一幅好画，或惊叹一个盆栽的精巧。若领导爱狗，你应该赞美他养的狗，领导养了许多金鱼，你应该谈那些鱼的美丽。赞美领导最在意的东西，最心爱的宠物，最费心血的设计，这比说上许多无谓的虚泛的客套话更受用。

清朝末年，著名学者俞樾在他的著作《一笑》中，讲过这样一个故事。

古代有一个京城的官吏，被调到外地任职。临行前，他去跟恩师辞别。恩师对他说：“外地不比京城，在那儿做官很不容易，你应该谨慎行事。”

官吏说：“没关系，现在的人都喜欢听好话，我已经准备了一百顶高帽子，见人就送他一顶，不至于有什么麻烦。”恩师一听这话，非常生气地对这位官吏说：“我反复告诉过你，做人要正直，对人也该如此，你怎么能这样？”

官吏说：“恩师息怒，我这也是没有办法的办法。要知道，天底下像您这样不喜欢戴高帽子的人能有几位呢？”官吏的话刚说完，恩师就得意地点了点头：“你说得也有道理。”

从恩师家出来，官吏对他的朋友说：“我准备的一百顶高帽子，现在仅剩九十九顶了！”

这个笑话说明谁都喜欢听赞美的话，就连那位自称“为人要正直”的老师也一样。所以，在拜访客户时，请不要忘记适度的赞美。

讨厌别人赞美自己的人少之又少。即使有，其内心的本意也未必尽然。因为人都有获得尊重的需要，而赞美，则会使人的这一需要得到极大的满足。所以，要想获得他人的好感，最有效的方法就是适度赞美他。

每个人都有很多优点和个人特色，如果赞美符合他人的实际情况，就会收到意想不到的效果，若只是凭空捏造、信口开河，则成了虚伪。假如你对我们的养护工人这样说：“你真是一个成功人士，你有非凡的气质，你是一个伟大的人物”。那么你一定不会获得他人的好感。因为这句赞美的语言你用错了人，自然就显得虚伪。对我们的养护职工你可以用“吃苦耐劳，不偷奸耍滑，对工作敬业，能吃苦不怕脏，聪明朴实肯动脑筋”等语言给予肯定和赞美，这样的赞美才显得真诚。

赞美的语言人人爱听，这是人们的共同心理。恰如其分的赞美会让人精神愉悦，赢得他人的信任和好感。在许多场合，适时得当的赞美常常会产生神奇功效，美国前总统林肯曾经说过：“人人都需要赞美，你我都不例外。”人人都渴望赞美，这是人们的共同愿望。领导对职工给予赞美，是对职工工作成绩的肯定，能鼓励职工充分发挥主观能动性和聪明才智，再接再厉地取得更大的成绩。朋友之间、同事之间给予赞美，能使彼此之间感情更融洽，友情更纯真。夫妻之间相互欣赏、赞美，可以增进恩爱、巩固婚姻。当父母的不失时机恰到好处地赞美儿女，既鼓励他们百尺竿头更进一步，又可增强家庭的凝聚力。一个笑容可掬，善于发现别人优点并给予赞美的人，肯定会受到别人的尊敬和喜爱。留意别人的长处，学会欣赏别人，赞美他人，这是一门为人处世的艺术。

真诚赞美的神奇心理效应

如果你的赞美之辞不是发自内心的，那么，你的赞美很难达到预期的效果。

赞美别人就是发现别人的美，并且用恰当的语言表达出来。赞美的语言稍微夸张一点是可以的，但是倘若言过其实，便会让人怀疑你赞美的诚意和动机了。

有这样一个人，在单位里经常赞美同事，见到领导时，赞美的话更是滔滔不绝。见到身材魁梧的领导，他就说："一看就知道您是有福之人啊！"当见到秃顶的领导时，他就说："贵人不顶重发，聪明绝顶啊！"这些话倒是不伤大雅，倒还能让领导开心，只是有一次，因为他过分夸大的赞美言词让领导对他有了重新的认识。

某领导在应酬时，酒喝多了，走路时一不小心摔了一跤，这时，这位经常赞美领导的"赞美家"赶紧过来扶起领导，嘴里说道：“领导为了工作，连自己的身体都不顾了，就算是喝得胃出血也没有任何怨言。”喝醉了酒的领导一听到有人这样“赞美”自己，一下子就火了，指着这位时时不忘赞美领导的人破口大骂：“你到底会不会说话，你那是称赞我吗？你是盼着我死吧？”这次，平日伶牙俐齿的他再也说不出任何赞美之词了。

上文中那个人的赞美之所以得不到听者的认可，是因为他的赞美之词不是发自内心的。在他的赞美中，有很重的趋炎附势、惺惺作态的成分。这样的赞美是无法打动人心的。

小王是建筑公司的拆迁办主任，在拆迁工作顺利进行的时候，一家不配合，使拆迁工作不得不停下来。小王通过了解得知，这家的主人是一名老军人，他之所以不肯搬家，是因为这套四合院是他光荣离休后政府赠予他的。

随后，小王亲自拜访了这位老人。他进入到老人的书房，看见墙上都是老人身穿军装的照片，不由得说道：“您老年轻时一定是名勇敢的军人。因为我在您身上仿佛见到了你当年奋勇杀敌的勇猛和果断。”老人没有作声。小王继续说：“我小的时候就愿意和我爷爷在一起，他总有许多战场上的故事可以讲，后来他年纪大了，有的故事甚至都讲 20 遍了，可是每次他像是第一次讲一样，眼中充满了激动的泪水。我想您所知道的故事一定和我爷爷知道的一样多，甚至比他的还多。而这其中的辛酸不易，我想只有您自己体会得最深刻了。”

说到此，小王起身说道：“老先生，打扰您这么久，真是对不住啊！”说完他就走出了屋子，往大门外走去。当他即将迈出大门时，老人在背后喊道：“明天过来时把拆迁的公文带来，让我好好瞅瞅。”小王心里的大石头终于落了地，老人要看公文，证明拆迁的事情有戏了。

从头至尾，小王只字未提拆迁的事，只是和老人聊家常。其实，正是小王的家常话打动了老人。小王称赞老人勇敢，称赞老人阅历丰富，这都是发自内心的赞美。他的赞美之词在老人的心中也激起了层层涟漪。因为小王真诚的赞美，叩开了老人的心门。

有的人非常吝啬对他人的赞美，认为那是阿谀奉承的表现，是令人不齿的做法，然而人人都喜欢听到他人的赞美，都以得到他人的赞美为荣。因为，如果能得到别人的赞美，说明自己的行为得到了他人的认可，对赞美他的人自然就会产生好感。无论何时，赞美都拥有神奇的力量，能帮助他人走出困境，是交际中最有效的手段之一。发自内心的赞美，是任何人都喜爱的。

有些人不是出自真心而是随大流，跟着别人说重复的赞美话，或者附和别人的赞美，这会引起对方的反感。因为这样的赞美会令对方认为你是在溜须拍马。

富有创意的赞美，消除对方的“警戒心”

赞美的新意很重要，需要我们综合各方面的因素来翻出恰当的“新”意，否则便会弄巧成拙、适得其反。

一些人在公共场合赞美别人时，自己想不出怎样赞美，只能跟着别人说重复的话，附和别人的赞美。常言道：别人嚼过的肉不香。朱温手下就有一批鹦鹉学舌溜须拍马的人。

一次，朱温与众宾客在大柳树下小憩，独自说了句：“柳树好大！”宾客为了讨好他，纷纷起来互相赞叹：“柳树好大。”朱温听了觉得好笑，又道：“柳树好大，可作车头。”实际上柳木是不能做车头的，但还是有五六个人互相赞叹：“可作车头。”朱温对这些鹦鹉学舌的人烦透了，厉声说：“柳树岂可作车头！”于是把说“可作车头”的人抓起来杀了。

在整日聚首的人际关系中，一家人之间或一个科室的同事之间，有些赞美很可能多次重复，已经形成某种公式和习惯了，这就没什么意义和作用。就像是同一张唱片或同一盘录音带只是在不同的时间播放一样，让人感觉乏味。

赞美加一点新意，鼓励作用会更大。正如有人所说：“一点新意，一片天空。”

赞扬要有新意，当然要独具慧眼，善于发现一般人很少发现的闪光点和兴趣点，即使你一时还没有发现更新的东西，也可以在表达的角度上有所变化和创新。

对一位公司经理，你最好不要称赞他如何经营有方，因为这种话他听得多了，已经成了毫无新意的客套了。倘若你称赞他目光炯炯有神、潇洒大方，他反而会被感动。

赞美是所有声音中最甜蜜的一种，赞美应该给人一种美的感受。新颖的语言是有魅力的、有吸引力的。简单的赞扬也可能是振奋人心的，但是一种本来是不错的赞扬如果多次单调重复，也会显得平淡无味，甚至令人厌烦。一个女人就曾说过，她对别人反复说她长得很漂亮，已经感到很厌烦，但是当有人告诉她，像她这样气质不凡的女人应该去演电影，她笑了。

几乎所有的女人，都是很质朴的，但仪态万方这一目标，却是她们孜孜以求的。这是她们最大的荣誉，并且常常希望别人赞美这一点。但是对那些有沉鱼落雁之容、闭月羞花之貌的倾国倾城的绝代佳人，就要避免对其容貌的过分赞誉，因为对于这一点其已有绝对的自信。你可以转而去称赞其智慧和品格。

马克·吐温曾经说过："一句好的赞美能当我十天的口粮。"我们每天都让新鲜的赞美流淌入他人的生活中，那么彼此对生活的积极性就会增强。

夸人要夸到点子上

把话说在点子上，往往能收到意想不到的效果，而夸人夸到点子上，更会令对方喜出望外。

赞美是人们生活中不可或缺的生活调味剂，有了它，人与人之间的距离则会变得越来越近。如果要消除两人间的隔阂，真心地赞美对方是你最理想的方法。

但如果我们的赞美没有针对性，没有赞美到点子上，那么很可能会引起对方的厌恶。

当你与年老的长者交谈时，可以多称赞他引以为豪的过去，因为老年人一般都希望别人能够记住他当年的业绩和往日的雄风。当你与年轻人交谈时，不妨语气稍为夸张地赞扬他的创造才能和开拓精神，并举出几点实例证明他的确能够前程似锦。当你与商人交谈时，可以称赞他头脑灵活，生财有道。当你与知识分子交谈时，可以称赞他知识渊博、宁静淡泊。当然，这一切要依据事实，切不可虚夸。

因为恭维过度，会让人觉得你是在阿谀奉承、拍马溜须。

所以，在赞美别人时一定要善于寻找对方最希望被人赞美的地方。

第 9 章

『沉默』控场术：学会把话语权交给对方

把说话的权利留给别人

我们也许有过这样的经历：和别人聊起一个对方很感兴趣的话题时，对方开始打开话匣子，没完没了地说，一开始，自己还觉得很投机，后来就开始不耐烦，接着是厌烦。原因是什么？很简单，对方只顾自己说，而忽略了你。谁都不乐意一味地听别人说话，所以，与人交谈时，即使是一个很好的题材，对方很感兴趣，说话时也要适可而止，不可无休无止，说个没完，否则会令人厌倦。说一个题材之后，应当停一下，让别人发言，若对方没有说话的意思，而整个局面由于你的发言而人心向你，这个时候仍必须由你来支持局面，那么，就必须要另找题材，如此才能引起大家的兴趣并维持生动活泼的气氛。

在谈话当中，对方的发言机会虽为你所控制，但是，在说话过程中，应容许别人说话，给别人说话的机会。更好的方法是找机会诱导别人说话，这样气氛更浓，大家的兴致更高，朋友之间也更融洽。当说到某一节时可征求别人对该问题的看法，或在某种情形时请他试述自己的见解，总之，务必使对方不致一味听着，才不失为一个善于说话的人，不失为一个明智的人。如果话题转了两三次，而别人仍无将话题接过去的意思，或没有主动发言的能力，应该设法在适当的时候把谈话结束。即使你精神好，也应该让别人休息。自己包办大半发言的机会，是不得已时才偶尔为之的方法。千万不要以为别人爱听你说话，就不管别人的兴趣而随便说下去，这背离了说话艺术之道。

在社交上，最好的谈话是有别人的话在里面。有时会有那种看来不爱说也不爱听的人，常常坐在一个角落里，当他偶然听见另外一些人哄然大笑时，也照例跟着一笑，但是那种笑容随即就收敛了，他的眼光已经移到窗外或者其他的目标上。面对这类人，只要你知其症结所在，你便可以在几句谈话中探得他的学问兴趣，然后和他谈论下去，这样便很自然引起谈话内容。只要你恰当地提一些问题，就可以得到一个增长你学识的机会。他见你谈吐不俗，一定会引你为知己，如此一来，僵局就打开了。年纪较大或较小的一类，因年龄差距大，社会经历、生活经验不同，因而兴趣不同，趣味也无法相投。所以可以采用上述方法来打开话题。

少说多听，做个倾听高手

在日常生活中，能聆听别人意见的人，必是一个富有思想，有缜密的思维和谦虚性格的人。这种人在人群中，起初也许不太引人注意，但最后必是最受人敬重的。因为他虚心，所以受所有人欢迎；因为他善于思考，所以便为众人所敬仰。

怎么去做一位“听话”的高手呢？

首先是要“专注”。别人和你谈话的时候，你的眼睛要注视着他，无论他的地位和身份比你高或是低，你都必须这样做。只有虚浮、缺乏勇气或态度傲慢的人才不去正视别人。

其次，别人和你说话时，不可做一些与此无关的事情，这是不恭敬的表现。而且当他偶然问你一些问题，你就会因为不留心听他所说的话而无从回答了。

聆听别人的话时，偶尔插上一两句赞同的话是很好的，不完全明白时加上一个问号也是非常必要的，因为这正表示你对他的话留心了。

但是，你不可以把发言的机会抢过来，就滔滔不绝地说自己的，除非对方的话已告一段落，该轮到你说话时才可以这样做。

无论他人说什么，你不可傲慢纠正他的错误，如果因此而引起对方的反感，那你就不可能成为一个良好的听众了。批评或提出不同意见也要讲究时机和态度，否则，好事会变成坏事。

有些人常喜欢把一件已经对你说过好几次的事情重复地说，也有些人会把一个说了好多次的笑话还当新鲜的东西。

你作为一位听众，此时要练习忍耐的美德了。你不能对他说“这话你已经说过多次了”，这样会伤害他的自尊心，你唯一能做的事是耐心地听下去，你心里明白他可能是一个记忆力不好的人。而且他对你说话时充满了好感和诚意，你应该同样用诚意来接受他的诚意。

但如果说话的人滔滔不绝而你又毫无兴趣，觉得花时间和精力去应酬他是十分不值得的。这时，你应该用更好的方法，使他停止这乏味的话，但千万要注意，不可伤害他的自尊心。

最好的方法是巧妙地引他谈第二个话题，尤其是一些他内行而你又感兴趣的话题。

为了让自己更会“听话”，最好还要做好以下 5 个方面的训练：

（1）训练“听话”时的注意力。想听得准确，必须排除干扰。可以用这样的方法来训练：同时打开两台以上的收音机，播放不同内容，然后复述各个收音机播放的内容。

（2）训练“听话”时的理解力。可用这样的方法：找朋友闲聊，但要有意识地锻炼自己的理解力。

（3）训练“听话”时的记忆力。就是学会边听边归纳内容要点，记住关键性词语，以及重要的事实和数据。

（4）训练“听话”时的辨析力。即迅速分辨出争论各方的不同观点和逻辑关系，并加以评析。

（5）训练“听话”时的灵敏力。即能很好地在各种场合与各种对象交谈。经过足够的训练，再加以实际锻炼，你一定会成为一名“听话高手”。

时机未到时就得保持沉默

哲学家说，沉默是一种成熟；思想家说，沉默是一种美德；教育家说，沉默是一种智慧；艺术家说，沉默是一种魅力。我们知道，在人际交往当中，沉默是一种难得的心理素质和可贵的处世之道，当然，任何事情又都不是绝对的。

心理学告诉我们，在不同的场合环境中，人们对他人的话语有不同的感受、理解，并表现出不同的心理承受力。正因为受特殊场合心理的制约，有些话在某些特定环境中说比较好，但有些话说出来未必好。同样的一句话，在此说与在彼说的效果就不一样。因此，说什么、怎么说，一定要顾及说话的环境，如果环境不相宜，时机未到，最好的办法是保持沉默。

一次，日本公司同美国公司正进行一场贸易谈判。

谈判一开始，美方代表滔滔不绝地向日商介绍情况，而日方代表则一言不发，埋头记录。

美方代表讲完后，征求日方代表的意见。日方代表恍若大梦初醒一般，说道："我们完全不明白，请允许我们回去研究一下。"

于是，第一轮会谈结束。

几星期后，日本公司换了另一个代表团，谈判桌上日本新的代表团申明自己不了解情况。

美方代表没有办法，只好再次给他们介绍了一遍。

谁知，讲完后日本代表的态度仍然不明朗，仍是要求道："我们完全不明白，请允许我们回去研究一下。"

于是，第二轮会谈又告休会。

过了几个星期后，日方再派代表团，在谈判桌上故伎重演。唯一不同的是，这次，他们告诉美方代表一旦有讨论结果立即通知美方。

一晃半年过去，美方没有接到通知，认为日方缺乏诚意。就在此事几乎不了了之之际，日本人突然派了一个由董事长亲率的代表团飞抵美国开始谈判，抛出最后方案，以迅雷不及掩耳之势让美方加快谈判进程，使人措手不及。

最后，谈判达成一项明显有利于日方的协议。

这场谈判成功的关键在于一句俗话"会说的不如会听的"，听出门道再开口，有利于达成目的。

在生活中，有人推崇一种"大智若愚型"的艺术，即在商业活动中多听、少说甚至不说，显示出一种"迟钝"。其实这样做的目的是为了获得最大的利益。少开口，不做无谓的争论；反之，你可以探测对方动机，逐步掌握主动权。

这时候的沉默，实际是"火力侦察"。

"言多必失，语多伤人""君子三缄其口"的古训，把缄口不言奉作练达的安身处世之道。今天，我们亦应谨记这些古训，该沉默时一定要三缄其口。沉默，是一种态度；沉默，是一种特殊语言；沉默，也会赢得百万金。

受到攻击时，沉默是最好的方法

雄辩如银，沉默是金。在我们的生活中，有些时候确实是沉默胜于雄辩。与得体的语言一样，恰到好处的沉默也是一种语言艺术，运用好了常会收到“此时无声胜有声”的效果。

假如我们在生活中遇到个别强词夺理，无理辩三分或者出言不逊，恶语伤人的人，与之争辩或是反唇相讥，往往只能招来他们变本加厉的胡搅蛮缠。对付这种人的最好办法往往不是以眼还眼、以牙还牙，而是保持沉默。这种无言的回敬常使他们理屈词穷，无地自容，正如鲁迅先生所说：沉默是最好的反抗。

国外某名牌大学，曾发生过老师和校长反目的情形，该校校长遭到许多老师的围攻。当时，也有一群学生冲进校长的研究室，对他提出各种质问。但是，无论教师说什么，这位校长始终不开口，双方僵持了几个小时后，教师们终于无可奈何地走了。

这位校长保持沉默，实际上也是一种反抗，同时又给对方一种高深莫测的感觉，从而造成心理上的压迫感。由此看来，“沉默是金”确有一定道理。

当对方出于不良动机，对你进行人身攻击，并且造谣诽谤时，如果予以辩驳反击，又难以分清是非，这时运用沉默便可显示出锐利的锋芒。你只需坚持正义、沉默以对，就足以把对方置于尴尬的境地。

某单位有两个采购员，田宁因超额完成任务而受奖，郑伟却因没尽力而被罚。但郑伟没认识到自己的问题，反而说三道四。在一次公众场合，他含沙射影地说：“哼，不光彩的奖励白给我也不要！”

田宁明白这是在骂自己，不免怒火顿升，本想把话顶回去，可是转念一想，如果和他争吵，对方肯定会胡搅蛮缠，反而助长其气焰。于是他强压怒火，对着郑伟轻蔑地冷笑一声，以不值一驳的神色摇了摇头，转身离去，把郑伟晾在一边。

郑伟的脸红一阵白一阵的，窘极了。

众人也哄笑道：“没有完成任务还咬什么人，没劲！”至此，郑伟已经无地自容。

在这里，田宁的轻蔑性沉默产生的批驳力比之用语言反驳，显得更为有力、得体，更能穿心透骨。这也许是对付无理挑衅的最有效的反击武器。

恰当运用沉默的方式

在特定的环境中，沉默常常比理论更有说服力。我们说服人时，最头痛的是对方什么也不说。反过来，如果劝者保持沉默什么也不说，被劝者的抱怨或无知就找不到市场了。

不同的沉默方式有不同的作用，运用时必须恰到好处。

1. 不理不睬的沉默可让人摆脱无聊的纠缠

当你正为自己的事情忙得不可开交的时候，同事却不知趣地想跟你闲聊，或者有推销员赖着不走，或者有人找你去做你不想做的事情。这时，你应尽可能对他们一言不发，不理不睬。过一会儿，他们见你无反应，定会知趣地悻悻走开。

2. 冷漠的沉默能使犯错误者认错改正

有一个小学生，一天他拿了同学一件好玩的玩具，晚饭前回来，装出一副若无其事的样子，同往常一样笑吟吟地说："妈妈，我回来了！""姐，我饿了。""怎么了？"沉默。"我没做错事啊！"还是沉默。妈妈眼睛瞪着他，姐姐背对着他，全家都冷冰冰地对待他。他终于不攻自破了："妈、姐，我错了……"

3. 信心坚定的沉默能使人信服

某领导有一次交代属下办一件较困难的任务，当然，他能胜任。交代之后，对方讲起了"价钱"。于是该领导义无反顾地保持沉默，连哼也不哼。"困难如何大……""条件如何差……""时间如何紧……"，说着说着他就不说了。最后说了一句："好，我一定完成。"

沉默是金，有时沉默不语能够出奇制胜，有时滔滔不绝，反而有理说不清。

第10章

巧设玄机，瞬间掌握他人心理的问话术

探路式提问，降低对方的“警戒心”

生活中，当我们与某人第一次见面时，不管有多想了解对方，一定不能忽视问话禁语的问题，要耐下心来慢慢诉说。

第一次见面，不管出于怎样的目的，总希望尽可能多地了解对方，一个又一个的问题就这样问了出来。殊不知，这样的问话方式会给对方造成不适之感，对方对你本就不熟悉，戒心会更重。最开始问话的一方往往觉察不到这种迹象，直到对方表现出明显的回避与提防的情形时，问话方才不得不就自己的问话作一番解释。于是疑云消散，双方的交谈才逐渐融洽。但是，如果在对话的最开始就先讲明自己询问某些事的原因，交流的效果会更好。

小超是动漫爱好者，最近又迷上飞机模型的制作，经人介绍认识了一个叫赵彦的模型高手，两人一见面就谈了起来。

小超：“听说你是这方面的行家？”

赵彦：“也不算吧，只是喜欢玩而已。”

小超：“你做这个多少年了？听说这行里的有些人很神秘，之前都是专门设计飞机的？飞机的原理是不是很复杂？有没有什么有意思的事透露一下？”

听了小超的这几句话，赵彦的面部表情突然严峻了起来。

“你问这些干什么？我不知道。”

感到对方有明显的抵触心理，小超连忙说道：

“不好意思，我解释一下，我之所以问你飞机原理的事，是因为我最近在学着做飞机模型，我朋友没跟你说？”

赵彦摇摇头：“他只说你想认识我一下，没说具体是什么原因。”

“噢，那就是我的不对了，我应该提前告诉你我那么问的原因的。除了飞机原理，我还想知道咱们国内制作飞机模型的整个状况，经费啊、材料源啊，等等，毕竟我刚接触这个，这方面的知识还非常缺乏，可以吗？”

“当然啊。你一解释我就明白了，不然一见面就问我飞机原理什么的，我感到很奇怪。”

“哈哈，我的错，我的错。”

小超就犯了只顾问而没有解释的错误。他的问题让对方疑虑重重，甚至因为问题的敏感而怀疑他。因为有这样的想法，对方的心就会关闭得更严，而交流自然无法畅通。在这个过程中，对方还是一副戒备心，没有把小超当真正的朋友，而小超那样问，也是没读懂对方的表现。

不熟悉的人相见，认知总需要一个过程，切不可因为想急切了解某些问题而忽视了思想“互通有无”的过程。简而言之，就是让对方对你跟他对话的目的有个大概的了解，让他心中有数，他才会对你的问题予以解答。

小超从一开始就问，到后来对问话予以解释，就是感觉到了对方内心的变化：由陌生到抵触，不解释对方可能更加防备，这样发展下去的后果很可能是不欢而散。小超热情四溢，对方却一直是冷状态。

所以，生活中，当我们与某人第一次见面时，不管有多想了解对方，一定不能忽视问话禁语的问题，要耐下心来慢慢诉说。尤其要注意的是，在一些需要解释的问题之前做出必要的解释，跟对方说明自己这样问的意图。这样才能让他最大限度地敞开心扉说出自己的想法，你也会更加了解这个人。

设置心理“陷阱”，由浅入深问到底

人与人相遇，并不是无话可聊，而是没有找到适合双方的话题。这样的话题常常需要一个试探的过程，而要想经历这个过程，就要有锲而不舍的精神，不能因为一两次的受阻就不再问下去。问得越深、越广、范围越大，就可能找到尽可能多的谈资。

在某些沉闷的环境里，没有人愿意开口跟陌生人说一句话，那是出于一种防备心理，在这种时候，该怎么办呢？你也要一直沉闷下去吗？

假如你正坐在火车上，已经坐了很久，而前面还有很长很长的路程。你想与他人讲讲话，而且要尽力使你的谈话显得有趣和富有刺激性。你该怎么做呢？

坐在你旁边的人像是一个有趣的家伙，而你颇想知道他的底细，于是你便搭讪道：

“真是一段又长又讨厌的旅程，你是否也有这种感觉？”

“是的，真讨厌。”

他回答着，而且语调中包含着不耐烦。

“若看看一路上的稻田，倒会使人高兴起来。在稻谷收获之前的一两个月，那一定更有趣吧？”

“唔，唔！”他含糊地答应着。

这时，如果你再也没有勇气问下去，你们的谈话就会到此为止，沉默就会继续。但如果你不再只是问一些表面问题，而是换一个稍微深入的，能引起他兴趣的话题，对方可能就不再沉默了。

“今天天气真好啊，真是适合踢球。今年秋天有好几个大学的球队都很出色，你对这件事有关注吗？”

这时，那位坐在你身旁的乘客直起身来。

“你看理工大学球队怎么样？”他问。

“理工大学球队很好，虽然有几个老将已经离队，但那几位新人都很不错，对这个球队你也关注？”

“嗯，是的，你曾听到过一个叫李小宁的队员吗？”他急着问。

或许李小宁这个人你听说过，或许没听说过。这都不是关键，关键是李小宁这个人能引发对方的谈话兴趣。你就可以顺着他的话说：“他是一个强壮有力、有技巧，而且品行很好的青年。理工大学球队如果少了这位球员，恐怕实力将会大减。但是李小宁毕业了，以后这个队如何还很难说。怎么，你认识他？”

这位乘客听了这话便兴高采烈、滔滔不绝地谈了起来。

可见，人与人之间的相遇，并不是无话可聊，而是没有找到适合双方的话题。挖掘到对方最感兴趣的话题，让原本陌生的两个人逐渐熟悉起来，谈话气氛也会变得融洽。

面对陌生人的时候，为了迅速打开话匣子，可熟练掌握以下几种方法：

1. 从对方的口音找话题

对方的口音可以告诉我们他大概的出生地或者居住过的地方，从此处入手，就可询问相关的风土人情、著名人物等问题，激发对方的谈话欲望。

2. 从与对方相关的物品找话题

对方携带的东西通常跟他的兴趣和爱好有关，从此处入手，更容易打开对方的话匣子。如果对方拿着一本体育杂志在看，一句“你是喜欢体育吗”，就会让双方的距离瞬间缩短很多。

3. 从对方的衣着打扮找话题

一个人的穿着常常反映他的品位，如果从他衣服的品牌开始交谈，沟通或许会更加融洽。

提问环环相扣，让其退无可退

主动抛出问题，就会打乱对方的心理节奏，让他自乱阵脚，自己也会逐渐在对话中占据优势。

小董是一家公司的业务员，刚上班不久就被派到外地去收欠款。欠钱的是一家实力不弱的公司。临去之前，小董还特意调查了对方的资料：实力雄厚，老板为人正直。小董想，之所以钱一直要不回来可能是旧账的缘故，业务员换了好几个，程序都接不上了，这次他好好跟对方说说，应该没什么大问题。但是，直到他见到那个老板，小董才知道，他把事情想得太简单了。

小董："您好，您是这家公司的老板吧？我是 ×× 公司的业务员，我是为那笔旧账来的，您应该知道吧？"

那人一听，眉毛一横。

"旧账？什么旧账？我从来不欠人家什么。"

没想到对方会抵赖，小董就拿出了账单，说：

"要不您看看？我说得没有错，不然会来麻烦您吗？"

那人看都不看就把账单扔到一边。

"什么账单？我不看，别浪费我时间了。"

小董一看，对方确实不好对付。不能再任由他这样下去了。他不认账，小董就主动问。

“你赖账也罢不赖账也罢。白纸黑字都在这写着呢，2005 年 20 万块钱的货是怎么回事？一个叫李明的业务员从我们公司拉了货就回来了，说过几天就给钱，这都过了多少天了？钱呢？你可能会说你们公司没这个人，告诉你吧，来之前我都打过电话核实了，人还在你们公司里，哪个部门我都知道。”

“胡扯，根本没有这事。”

“还想抵赖，2005 年 6 月份还有一笔货款没结，也说过几天。我们觉得是老客户就没追着催，这账单上都写着，上边还有你的签字和指纹，你不会说这些也是假的吧？”

“哪有签字？哪有指纹？”那人嚷着要抢账单，小董赶紧躲开了。

“来之前我已经想好了，能自己解决就自己解决，不能解决的直接跟相关部门汇报，你要是威胁我的人身安全，我就打 110，没想到我会这么做吧？还想一直赖下去吗？”

之前一直非常嚣张的欠债人听到小董要报告相关部门，突然紧张得一句话也说不出来。如果被处罚，公司的损失肯定会更大，在整个业界的声誉也会非常坏。想到这里，那人就软了下来。

“年轻人，不要冲动嘛，有事好说，我也是小本经营啊。”

“既然知道做生意不容易，为什么还要为难我们？非得让我这样你才满意？”

“好，好，我还你们欠款，今天就办。”

当遇到一个蛮横的人的时候应该怎么办呢？当这个蛮横

的人又恰好欠了你东西就是不还的时候，又该怎样处理？相信，这样的问题让很多人都有挠头之感。但是，他的强硬是一贯为之呢还是欺软怕硬呢？

小董开始本想用和风细雨的方式让对方还钱，他想在循循善诱间让对方明白欠债应该还钱的道理。对方提一个问题自己就回答一个。渐渐地，小董察觉到对方一直在用这种方法抵赖，而他的蛮横也让小董明白软弱被人欺。他就决定主动出击，将问题在对方问出或者躲避之前一一抛出，让他没有退路。同时，在气势上压倒他。

直到小董说会将欠债的事上报上级领导，质问对方怕不怕，欠债方才彻底服软。先前的嚣张气焰不见了踪影，取而代之的是配合。小董问到了对方的痛处和畏惧的地方，他当然只有“束手就擒”的份了。试想一下，如果小董不问这样一个问题，对方可能会一直抵赖下去，心理上一直保持强势状态。主动抛出问题，就会打乱对方的心理节奏，让他自乱阵脚，自己也会逐渐在对话中占据优势。

有些人的强大是装出来的，为了达到自己的私利用假象迷惑别人，外强中干。这样的人，通过外在并不能看出什么端倪，只有通过交谈，才知道他的强大到底是实还是虚。而最佳的交流方式之一，就是先将存在的问题抛出，而不是被动地接受问题。

主动抛问题代表一种强烈的寻求掌控权的思维模式，只有有了掌控权和话语权，对方的思想才能渐渐被你掌握，掌握了一个人的思想，他的心思还会无法看透吗？

掌控局面，引导对方自觉说真话

心理学上讲，人往往会因为彼此间相似的秉性或者经历走到一起，在认同和被认同的过程中，慢慢由陌生变得熟悉。

一个严冬的夜晚，两个人初次见面。

对话一：

“今天好冷啊。”

“是啊。”

“……”

“……”

对话二：

“今晚好冷！像我这种南方人，尽管在这里住了几年，但对这种天气还是难以适应，你感觉怎么样？”

“是啊，我父母虽然是北方人，但我也是从小在南方长大的，在这里还是不适应。”

“你也是南方的？你是南方哪儿的？”

“我是南方……”

以上两段对话均来自两个陌生人初次见面的情景。在第一段对话里，两人见面说的第一段话非常普通：“天很冷啊”“是啊”。从字面上就能判断出双方的聊天能力一般。

第二段对话则不同。第一个人见面就说自己是在南方长大的，对北方这种寒冷的天气很不适应，然后又问对方感觉怎么样。对方虽不是纯正的南方人，但也是在南方长大的，因此，两个人有共同话题，你来我往间，彼此就会越来越融洽。

从第二段的话中可以分析到，尽管见面的两人一个是纯正的南方人，另一个只是从小在南方成长，父母是北方的。两者虽有差异，但主动问话者故意忽略了这种差异，只强调双方的相似性：都在南方有一段成长经历，对北方寒冷的冬季极不适应。因为有了相似的经历，话题才会越来越多。

从心理学上讲，人往往会因为彼此间相似的秉性或者经历走到一起，在认同和被认同的过程中，慢慢由陌生变得熟悉。没有人希望与自己对话的那个人是个和自己没有丝毫相同点的人，那样的话，两人很难有聊得来的话题。甚至，有可能爆发矛盾冲突，这也就是第二段的问话人求同存异的原因。

因为有了相同的地方，第一次见面的两个人才会渐渐有亲切感，慢慢放下戒备的心。

好话能催眠，先寒暄再提问

生活中，不管是亲戚还是其他有紧密关系的人，一旦要麻烦他为自己办事，就可学着嘴甜一点，腿勤一点，多给对方一种被关心、被呵护的感觉，他自然而然会给你提供帮助的。

李凌今年27岁了，能力很强，做过几年生意，小发了一笔。但他不满足，总想干个大点的生意才过瘾。刚好村里的鱼塘要对外承包，他有心把鱼塘承包下来，只是手头上的资金不够。

他左思右想，想到了他的一个远房亲戚，是他母亲的表弟，按辈分应该叫老舅，在县城承包了一个企业，经营得不错，是县城有名的“土财主”。可是李凌想到自己与他关系疏远，好长时间没有走动了，贸然前去，显得突兀不说，事情还肯定办不了。怎么办呢？他决定先把关系搞好，和这位老舅亲近起来。他打听到这几天老舅身体不太好，时常犯病，就看准时机，拎了一大包的滋养品，来到老舅家。

“老舅啊，有些日子没来看您了，您老人家怎么病了啊？年纪大了，可要多注意身体，别太操劳了。今天给您带了些东西过来，补补身子，您不会嫌少吧？”

李凌非常热情地说着，并把东西放到老舅的桌子上。

俗话说：“礼多人不怪”，虽说两家好长时间不走动了，但今天外甥拎了那么多的东西上门，而且是在自己生病的时候，这位老舅心里格外高兴：

“小子，你今天能过来，老舅我就别提多高兴了。今天中午咱俩喝两杯。”

于是，李凌就留下热闹了一番。

自此，两家关系好了起来。以后李凌隔三岔五地来看他老舅。不是问他身体怎么样，就是问他最近想吃什么，面面俱到。看到李凌这么关心自己，老舅也非常高兴，视李凌如亲生儿子一般。李凌一看时机成熟了。这天他拎了两瓶酒到了老舅那里，两人喝了起来。

李凌说："老舅，上次我给你买的补品吃完了吗？吃完了的话我再给你买。"

"不用了，太破费了，还有好多没吃完呢。孩子，我看出来了，你对老舅不错，我是你长辈，往后有什么困难尽管和我开口。"

李凌一听，激动万分，连忙把承包鱼塘的事情说了。

老舅听了之后说：

"好啊，有志气，有魄力，老舅大力支持……做人就应该干一番事业。想法很好，不过具体做时一定要慎重，年轻人千万不能急躁。"

李凌连忙点头称是，接着把资金短缺的事情也说了出来。最后，李凌顺利地从老舅手里借到了3万元并承包了鱼塘。

无论求谁办事，即使是和自己关系亲密的人，有血缘关系的亲戚，也要懂得投桃报李。

李凌想承包鱼塘开创一番自己的事业，但是缺少资金。就在不知如何是好的时候，他想到了自己的老舅。老舅家底殷实，可以在资金上给以他支持。但李凌明白一个道理，即使是亲戚，求他办事的时候也要注意方法，不能想当然，也要懂得适时给予回报。

为了搞好和老舅的关系，李凌开始频繁地出入他家。关心他的身体，关心他的方方面面，还给他买各种补品。在这个过程中，原本有些疏远的两家慢慢亲近，有了这些铺垫，李凌才开口求舅舅办事。

现在的很多亲戚交往中，存在着一种误区，那就是：亲戚关系是一种血缘、亲情关系，彼此都是一家人，互相帮忙办事都是分内之事，都是应该的，没必要像其他关系那样客套。其实，这种想法是不对的。血缘关系虽说是“打断骨头连着筋”，但亲情的维护与保持也在于彼此之间的相互帮助与知恩图报上。

所以，在故事中，看见李凌这么关心自己，他的舅舅也非常高兴，尤其是李凌对其嘘寒问暖的时候，他的心里也暖暖的。猜想一下，即使舅舅知道李凌是为了让自己帮他才这么做的，舅舅也会心甘情愿地帮他。明白事理的孩子总是招人喜欢的。当然，这其中更关键的是他的问话，人毕竟是感情动物，还是听觉动物，听到别人关心自己的生活起居，就会有一种感动油然而生，有了这种感觉，办事就会容易许多。

第11章

自我伪装术：用语言装饰自己，精装和毛坯感觉截然不同

说话要扬己之长，避己之短

平时说话要懂得扬长避短的道理，多说一些自己的长处，少说一些自己的短处。

古人云："梅须逊雪三分白，雪却输梅一段香。"在常人的眼睛里，每个人或多或少总会在某方面存在一定的缺陷，就算是伟人也毫不例外：拿破仑矮小、林肯丑陋、罗斯福曾患脊髓灰质炎，而这些都没有阻挡他们极其辉煌自信的一生。

瑞士银行中国区主席兼总裁李一，在1988年最初去美国迈阿密大学留学时，学的是体育管理专业。他发现那是"富人玩的游戏"，于是在离毕业还有半年时，他毅然报考了沃顿商学院。

美国沃顿商学院是世界首屈一指的商学院，李一考得并不轻松，前后面试了三次，仍没结果。最后一次面试，他干脆在考场上直截了当地问主考官："如果我没有被录取，最可能的原因是什么？"

"很可能是因为你没有工作经验。在美国，商学院录取的前提条件是要有商务工作经验。"

李一做出的反应不是承认自己的不足，或者是如何改变自己的缺点，而是立刻反驳："按你们的招生材料所说，沃顿作为世界最优秀的商学院，肩负着培养未来商务领袖的重任。但世界各国发展很不平衡，如果按你们现在的做法，商务成熟的国家会招生特别多，像中国这样的发展中国家可能一个也不招，这跟沃顿商学院的办学宗旨是自相矛盾的。”

出人意料的是，李一的反驳得到了主考官的欣赏。面试结束后，招生办主席秘书给李一打了一个电话：“主席对你的印象特别好，说你很自信，与众不同。”后来，在当年52个申请该校的学生当中，李一成为唯一被沃顿商学院录取的中国学生。

李一的自信赢得了考官的欣赏，为自己铺垫了人生道路上的一块重要基石，更重要的是，他战胜了自己，他能够扬长避短，主动出击。著名管理学家德鲁克博士曾在1999年的《哈佛商业评论》中发表观点：对于一个集体，需要克服的是“短板定理”；而对于个人，发挥自己的长处，比努力去补齐短板更为重要。

我们都知道田忌赛马的故事，对手的每一匹马都有相对应的绝对优势。但没有关系，不需要补齐短板，只要注重自己能够形成优势的策略，简单地进行以长击短的顺序调整：上等马对中等马，中等马对下等马，下等马对上等马，就能获得完全不同的结局。

其实，每个人都有自己的可取之处。你也许不如同事长得漂亮，但你却有一双灵巧的手，能做出各种可爱的小工艺品；你现在的工资可能没有大学同学的工资高，不过你的发展前途却比他的大，等等。这并不是一种吃不到葡萄就说葡萄酸的心理，因为世界这么大，永远没有绝对的好，只有相对的好，永远没有绝对的失败，而只有相对的成功。

这世界上的路有千万条，但最难找的就是适合自己走的那条路。每一个人都应该努力根据自己的特长来设计自己的路，量力而行，根据自己的环境、条件、才能、素质、兴趣等确定发展方向。不要埋怨环境与条件，应努力寻找有利条件，不能坐等机会，要自己创造机会，拿出成果来，获得了社会的承认，事情就会好办一些。每个人都应该尽力找到自己的最佳位置，找准属于自己的人生跑道。当你事业受挫了，不必灰心也不必丧气，相信坚强的信念定能点亮成功的灯盏。

每个人都有自己的特质和特长，所以不要怀疑自己，更不要轻易地否定自己。认清你自己的优势与弱点，如果你身上有暂时或是永远无法补齐的“短板”，那么就吸引别人注意你身上的闪光之处。每个人都有自己的发光点，只要你善于利用，就能扬长避短，形成制胜的优势。

让别人折服于你的语言魅力

顺着人心说话效果可说是事半功倍。顺着人心说话能让你凭借三寸不烂之舌就征服别人，让别人拜倒在你的语言魅力下。

一般来说，一个人的性格特点往往通过自身的言谈举止、表情等流露出来。快言快语、举止简洁、眼神锐利、情绪易冲动的人，往往是性格急躁的人；直率热情、活泼好动、反应迅速、喜欢交往的人，往往是性格开朗的人；表情细腻、眼神稳定、说话慢条斯理、举止注意分寸的人，往往是性格稳重的人；安静抑郁、不苟言笑、喜欢独处、不善交往的人，往往是性格孤僻的人；口出狂言、自吹自擂、好为人师的人，往往是骄傲自负的人；懂礼貌、讲信义、实事求是、心平气和、尊重别人的人，往往是谦虚谨慎的人。当我们面对不同性格的谈话对象时，一定要认真分析，区别对待。

不过，这并不是要你做一个没有“自我”的人，如果你真的如此，那你就成为别人的影子了。“顺着人心”只是方法，而不是目的，你如果能熟练地运用这个方法，别人就会在不知不觉之中受到你的影响，甚至接受你的意见。那么，如何顺着人心说话呢?

1. 倾听

很多人都有发表欲，如果他在社会上已有一些成就，更有不可抑制的发表欲，当他滔滔不绝的时候，你就做一个倾听者。一则，你的倾听可以满足对方的发表欲，他一满足，对你就不会有恶感；一则，你可在倾听中了解他的个性和观念。然后，你要顺着他的谈话，发出“赞同声”，还可以在恰当的时机提出一些问题让对方说明。如果你这样做了，你便能赢得对方的好感，甚至使对方更加相信你。

2. 不要辩论

如果对方说的话你不同意，你也不要提出辩驳。即使你们是好朋友，也不宜轻易和他辩论，因为有些事情并不能辩明白，而且很可能越辩越生气，最后不欢而散。如果你辩倒对方，那更有可能造成关系的中断！

3. 称赞

喜欢赞美是人类的天性，其实赞美也是一种爱抚。赞美什么呢？你可以赞美他的观念、见解、才能、家庭……对方有可能引以为荣的事情都可以赞美，话虽不多，效果却非常惊人。

诸葛亮对关羽便采取此法。马超归顺刘备之后，关羽提出要与马超比武。为了避免二虎相斗，诸葛亮给关羽写了一封信：我听说关将军想与马超比武。依我看来，马超虽然英勇过人，但只能与翼德并驱争先，怎么能与你美髯公相提并论呢？再说将军担当镇守荆州的重任，如果你离开了造成损失，罪过有多大啊！关羽看了信以后，打消了入川比武的念头。

4. 引导

这是最重要的方法，在与人协商中，尤其需要“引导”这一招。也就是说，你要在对方已经满足时，才把你的意思表现出来，但表现的方式还是要顺着人心，不要让对方感到不快，例如你应该说“我很同意你的观点，不过……”或“你的立场我能了解，可是……”，先站在对方的立场上，再提出自己的观点，把对方的意志引到你希望的地方去。

这样的方法可以用于平时与人相处，可以用于说服别人，也可以用于带领下属，效果可说是事半功倍。

打好圆场，不做冷场王

巧妙地说话，其实就是打好圆场。想要事事有个圆满的收场，就得锻炼自己的口才，提高自己的“语商”。

不管做什么事情，我们都渴望能有个圆满的收场，这就需要我们平时多多读书，多多磨炼，头脑充实，机智敏捷，反应灵活，并且平日持之以恒。与此同时，还要注意培养敏捷的表达能力，以及逻辑与语言修辞素养。

有一个销售员在一家百货商店前推销他那些“折不断的”梳子。为了消除围观者的怀疑，他捏着一把梳子的两端使它弯曲起来。突然间，那把梳子啪的一下断了，销售员顿时惊得目瞪口呆。这个时候，只见他把它们高高地举了起来，对围观的人群说：“女士们，先生们，这就是梳子内部的样子。”

如果一个人平时总是思考如何应付复杂的局面和临场突发情况，临战时自然不会仓促和不知所措。

有一个卖瓦盆的人，为了能够早点把瓦盆卖出去，便当着顾客的面用旱烟锅子敲了起来。他边敲边喊：“听这瓦盆啥响声啊！”可是，令他意想不到的是瓦盆被敲破了。旁边看热闹的人忍不住笑出了声。他忙指着瓦片对身边的人说：“你们看这瓦茬子，棱是棱，角是角，烧得多结实呀。”

参加面试时，主考官所问的问题并不一定有什么标准答案，只要能自圆其说便算是成功。

有一个年轻的小伙子来面试，主考官问了一个问题：“你为什么要离开现在的企业。”他回答：“在那家企业没有前途。”“那么怎么样才算有前途？”主考官接着问。“企业蒸蒸日上，个人才能得到不断提高和发展。”“你们公司的产品在市场上的占有率名列前茅，员工收入也很高，这是有口皆碑的，怎么能说在这个企业没有前途呢？”这位求职者被问倒了，为什么会出现这种情况呢？那是因为他不清楚随着问题的不断深入，他先前的论点将无法成立，这样就不能自圆其说了。

我们常常会遇到这样的提问，“你最大的优点是什么”和“你最大的缺点是什么”。这两个问题看起来很简单，可是要回答好却不是一件容易的事情，因为接下来主考官有可能会问：“你的这些优点对我们的工作有什么帮助？你的这些缺点会对我们的工作带来什么影响？”然后还可能层层深入，“乘胜追击”，求职者是很容易陷入不能自圆其说的尴尬境地的。几乎所有的面试问题都有可能被主考官深化和挖掘，所以在回答问题之前一定要先考虑周到，然后再给予回答，这样才不至于使自己陷入被动的局面之中。

在日常生活中，我们不需要自夸，但在某些场景中，需要好好运用自己的口才，把话说得巧妙高超。

不要夸夸其谈

有些人讲话常常不考虑听者的感受，也不让他人有讲话的机会，所以容易引起他人的不满。其实，话语不在多少，只要恰到好处地说到“点儿”上即可，说多了反而会引起别人的反感。

古人言：“劳谦虚己，则附之者众；骄慢倨傲，则去之者多。”善于交际的人往往虚怀若谷，在谈话中给别人留一片天地，而自以为是之人常常口若悬河、夸夸其谈，不给别人留说话的空间。后者把自己看得很重，常常会让别人敬而远之，而前者常常把自己放得很低，虚心接受，自然会赢得大家的尊重。社交中多一点谦和、谦虚、谦让、谦恭能让你在危急时刻获得绝处逢生的机会。

一个年轻人想到大发明家爱迪生的实验室里工作，爱迪生接见了他。这个年轻人为表示自己的雄心壮志，说：“我一定会发明出一种万能溶液，它可以溶解一切物品。”爱迪生便问他：“那么你想用什么器皿来盛放这种溶液呢？”

年轻人由于把话说绝了，陷入了自相矛盾的境地。如果将“一切”换为“大部分”，爱迪生便不会反诘他了。

词用对了，修饰程度不同，说起话来分寸就不一样。如“好”一词，可以修饰为“很好”“非常好”“最好”“不好”“很不好”等，这些词要慎重使用。

好的修饰词能使意思表达完整，恰到好处。过于夸张或过于缩小的修饰词，则会与客观实际相冲突。

屠格涅夫的小说《罗亭》中，皮卡索夫与罗亭有一段对话：

罗：妙极了！那么照您这样说，就没有什么信念之类的东西了？

皮：没有，根本不存在。

罗：您就是这样确信地吗？

皮：对。

罗：那么，您怎么能说没有信念这种东西呢？您自己首先就有一个。

因此，遇到没有把握的事，一定要多用“可能”“也许”“或者”“大概”“一般”等模糊意义的词，为自己的判断留有余地。

话多的人不一定智慧多。在人际沟通中，说话切记不要旁若无人、滔滔不绝地讲个不停，应该给人留余地，让别人也有讲话的机会，这才是智者所为。

学会保持神秘感

如果你渴望在社会交往中，保持良好的人际关系的同时，得到更多仰慕的目光，那么就要掌握与人保持适度距离的技巧。保持适当的神秘感，会让你更有吸引力。

人们总说，得不到的东西是最好的，在没有得到之前，总有丰富的想象空间和追逐目标的快乐过程。狮子般的人一旦与人亲近，便失去了威严。这就是重要人物总是为保持神秘感，减少在公众场合的露脸次数的原因。所以保持适当的神秘感，会让你更有吸引力。

有一种情况最适用于恋爱中的人。心理学中有一种升值规律，即越是得不到的东西，越是朝思暮想。两个刚认识不久的人一定会非常迫切地希望知道对方的事情，尽管这是理所当然的愿望，却也会造成不利局面。对方一旦了解你的全部事情，对你的兴趣也可能会随之急速冷却，因此，要使每次约会都有新鲜感并使他对你持续抱有兴趣，一定要在恋爱期间保有一点神秘感。

不要说太多关于自己的事情，如果从自己出生开始到现在的一切，你都对他说得一清二楚，那你对他就根本没有神秘感可言。因此，若提到自己的事也要坚持不说某一时期或某些话题，留出一段空白。

保持神秘感，并不是指拉远距离，隔着十米远说话。保持神秘感，也要注意保持合适的距离。

一位心理学家做过这样一个实验。在一个刚刚开门的大阅览室里，当里面只有一位读者时，心理学家就进去拿椅子坐在他的旁边。试验进行了整整 80 人次。结果证明，在一个只有两位读者的空旷的阅览室里，没有一个被试者能够忍受一个陌生人紧挨着自己坐下。这个实验说明了人与人之间需要保持一定的空间距离。任何一个人，都需要在自己的周围有一个自己把握的自我空间，它就像一个无形的气泡一样为自己割据了一定的领域。而当这个自我空间被人触犯就会感到不舒服，不安全，甚至恼怒起来。

我们看到，这样的距离是让人不能承受的，它侵犯了人的私密空间。

第12章

别让不好意思害了你

说“不”要委婉，点透即可

如何拒绝别人是一门艺术，这门艺术的关键点就在于拒绝别人的话要怎么说才能让人觉得合情合理，进而让别人更容易接受。

人的一生就是在不断地接受和拒绝中度过的。如果拒绝未采用合适的方法和相应的技巧就容易伤害对方，引发怨恨和不满，从而导致人际关系的破裂，让自己陷入非常被动的境地之中。即使不至于闹到很严重的地步，因拒绝而引起的疙瘩也会使对方耿耿于怀。

“我实在没有钱借给你，否则，我就不必如此地拼命了”“我们非亲非故的，凭什么要帮你”……在遭受这样的拒绝后，你会有怎样的反应呢？你一定会感到恼羞成怒，用犀利的言语回击对方。

有时，对方与我们反目成仇，并非完全是由于我们拒绝了他，更多的是我们拒绝的语言和方式伤害了他。那么我们要如何拒绝呢？

小李 24 岁，才貌双全，大学毕业后分配到一家公司工作。不料，她的顶头上司——部门经理对她一见倾心，便发起了猛烈的攻势。小李怕直接回绝会伤了上司的自尊，给自己以后的工作带来不便。考虑再三，最后小李决定实话实说，于是彬彬有礼地告诉经理：

“我已另有所爱，只是男友暂时在外地工作。”如此一来，经理在“恨不相逢未嫁时”的深深遗憾中打消了自己的念头，以平常心对待小李。

再看看下面这个例子。

小林陪女友逛商店，女友在某时装店看中了一件风衣，价格不菲，而小林觉得这件衣服很普通，不值这个价。但是在女友面前不便说，否则女友会认为自己是个小气鬼，两人免不了要闹一阵子情绪。只见小林鼓动女友试衣，左看右看后对女友说：“很合身，但我觉得你穿上它气质不如从前了。主要是款式太新潮，不适合你的职业特点，倒更像是较前卫的女孩穿的。”女友一听此话，忙不迭地脱下风衣，拉着小林离开了商店。

小林巧用衣服与气质的关系，让女友主动放弃了自己中意的风衣，达到了自己的目的。

面对非分要求，诙谐言语防尴尬

用幽默的方法拒绝别人，既可以缓解紧张的氛围，又不会影响彼此的友谊。

玛丽抱怨她的丈夫说：“你看邻居 W 先生，每次出门都要吻他的妻子，你就不能做到这一点吗？”丈夫说：“当然可以，不过我目前跟 W 太太还不太熟。”

玛丽的本意是要她的丈夫在每次出门前吻自己，而丈夫却有意地曲解为让他吻 W 太太，委婉地表达了自己不愿意那样做的本意。

直接拒绝别人很容易伤害对方，甚至造成许多误解，破坏彼此间的友谊。但是，利用幽默，巧妙拒绝，却能使很多问题迎刃而解。

有位员工代表向老板谈加薪的问题，并使出了眼泪战术，苦苦哀求道：“老板，请你一定要帮帮忙，现在这点薪水我实在无法和我太太继续在一起生活下去呀！”上司回答说：“好吧！那么我会出面来说服你太太，要她跟你离婚的。”

在工作当中，如果不懂得拒绝的技巧，往往会吃亏上当。下面的例子很有借鉴意义。

大个子瑞克是一位被公司冷落的老主任。有一天，某部门经理拍着他的肩膀说：“瑞克，你看是不是早日把你的职位让给年轻人！”

“好啊！就这么办！”

“你愿意？”

“是啊！不过俗话说，‘鸟去不浊池’，所以我有一个请求，希望能让我把正在进行的工作彻底做好再走。”

“哦！这是理所当然的。不过，你那个工作预计什么时候可以完成呢！”

“我想，大概还要 10 年。”

在拒绝别人时，采用幽默的方式不但不会伤害到对方，而且还可以避免不必要的尴尬。

巧妙运用“客观理由”说拒绝

从对方的利益出发，掌握好说“不”的分寸和技巧，给对方一个能够接受的，并且不会伤害对方的理由十分重要。

随着社会的发展，人与人之间的交往越来越密切，也越来越复杂。其实，我们每个人都希望能够得到他人的关注与理解。因此在职场上，我们要学会理解他人，要把握处理事情的分寸，尤其是我们因为各种原因而不能配合对方时，一定要从对方的利益出发，说好理由。

例如，在办公室里，你在拒绝别人请求时，如只是说“我很忙”，对方则会说你不爱帮助别人。所以，拒绝别人时，要具体地说明一下理由。

再如，你正忙着整理第二天重要会议的资料时，你的上司走过来对你说：“先处理这份文件。”

这时，你可以明确地告诉他自己正在为第二天重要会议准备资料，然后让上司判断哪个工作更加急迫。

“是这样啊！你正在做的工作不尽快完成可不行，我的这份之后再弄。”

每个人总会有需要别人施以援手的时候。有时因为条件不允许，我们不得不去拒绝别人，这时可以采取适当的拒绝方式，最大限度地避免因为拒绝而树敌。

经常有人会说出这样的话：“这件事情恕难照办”“我们每天都一样地工作，凭什么要我帮你的忙”……如果你听到些话，会是什么反应呢？你会很高兴很客气地说“既然如此，那我就不打扰你了，对不起”吗？恐怕不会吧。你一定会恼羞成怒地回击对方：“你这个人讲话怎么如此无情！”然后拂袖而去。

一般情况下，我们在拒绝别人的时候要注意以下几点：

1. 积极地倾听

当你拒绝别人的请求时，不要随口就说出自己的想法。过分急躁的拒绝最容易引起对方的反感，应该耐心地听完对方的话，并用心弄懂对方的理由和要求，让对方了解到自己的拒绝不是草率做出的，是在认真考虑之后不得已而为之的。

2. 用和蔼的态度拒绝对方

不要以一种高高在上的态度拒绝对方的要求，不要对他人的请求流露出不快的神色，更不要蔑视或忽略对方，这都是没有修养的具体表现，会让对方觉得你的拒绝是对他抱有成见，从而对你的拒绝产生逆反心理。拒绝对方要保持和蔼的态度，要真诚。

3. 明白地告诉对方你需要考虑的时间

我们经常碍于面子不愿意当面拒绝他人的请求，而是以“需要考虑”为借口来避免直接拒绝对方，其实希望通过拖延时间使对方知难而退。这是错误的。如果不愿意立刻当面拒绝，应该明确告知对方需要考虑的时间，表示自己的诚意。

4. 用抱歉的话语来缓和对方的情绪

对于他人的请求，表示出无能为力，或迫于情势而不得不拒绝时，一定记得加上“实在对不起”“请您原谅”等抱歉用语，这样，便能不同程度地减轻对方因遭拒绝而受的打击，舒缓对方的挫折感和对立情绪。

5. 说明拒绝的理由

在拒绝他人的请求时，不要只用一个“不”字就想使对方“打道回府”，而应给“不”加上合情合理的注解，以使对方明白，自己的拒绝并非是毫无理由，而是确有苦衷。

真诚地说出你拒绝的理由是非常必要的，它有助于你们维持原有的友好关系。

6. 提出取代的办法

当你拒绝别人时，肯定会影响他计划的正常进程，甚至使他的计划搁浅。如果你给他提供一些建设性的意见，则能减轻对方的挫折感和对你的不满心理。

7. 对事不对人

你要想方设法地让对方知道你拒绝的是他的请求，而不是他这个人。

总而言之，成功地拒绝别人的请求不仅可以节省自己的时间和精力，还可以免除由不情愿行为所带来的心理压力。但前提是，拒绝时必须不损害对方的利益。

拒绝要真诚，不能让人感觉你敷衍了事

当你不得不拒绝别人时，要想好一些真诚的理由，让别人从心眼里觉得的确是你能力有限从而不得不拒绝。

拒绝总是会让人感到不愉快。委婉拒绝无非是为了减轻双方，特别是对方的心理负担。特别是上司拒绝下属的要求时，不能盛气凌人，要以关怀的态度、关切的口吻讲述理由，使之心服。在结束交谈时，一定要表示歉意。一次成功的拒绝，也可能为将来的重新握手，更深层次的交际播下希望的种子。

从事销售的小刘遇上一位工作狂的上司，很多同事都因此而“逃离”了，而她却能始终保持极佳的工作状态，她是怎么做的呢？

小刘说：“一开始我也像他们一样以办公室为家，日日夜夜伏案工作，在我的字典里‘休息’这个词似乎早就不存在了。后来我发现，工作狂的老板通常有一个思维定式：他们一般疏于考虑自己分配下去的任务量有多少，下属需要花费多长时间可以搞定，他们想当然地认为你应该没问题。所以，以后如果我觉得工作量过大，超出了个人能力所能达到的范畴时，我不会一味投身于工作中蛮干，要知道，不说出来的话，工作狂的老板是不会体会到你的负荷已经到了警戒

线的。这也不能怪他，每个人的承受能力不同，老板又如何能体会到下属执行当中的难度与苦衷？这个时候，下属应该主动与老板沟通交流。口头上陈述困难或许有故意推托之嫌，可以书面呈送工作时间安排与流程，靠数据来说明工作过多，让他相信，过多的工作令效率降低。合理正确的沟通会令老板了解你的需求，从而适当调整任务量及完成时间，或选派更多的同仁来帮你分担。”

试想一下，如果小刘怕得罪上司而勉强接受所有任务，到时完不成任务更会受到上司的指责；如果因为自己不事先说明难度，最后又耽误公司整体事务，罪过就更大了。这种坦诚拒绝的方法不仅适用于上司，也适用于周围的同事。当然，坦诚拒绝也要讲究方式。

当别人向你提出请求时，一定会担心你会不会马上拒绝自己，而感到不安。所以，在你决定拒绝之前，首先要注意倾听对方诉说。比较好的办法是，请对方把处境与需要讲得更清楚一些，这样，自己才知道如何帮他。

倾听能够让对方感受到你的尊重和真诚，而委婉地向对方表达自己的拒绝，可以避免使双方的感情受到严重的伤害。

倾听的另一个好处是，你虽然拒绝他，却可以针对他的情况，建议如何取得适当的支援。若是能提出有效的建议或替代方案，对方一样会感激你，甚至在你的指引下找到更适当的解决方案。

直接的拒绝只会伤害彼此的感情，而委婉地说“不”

却更容易让人接受。当你仔细倾听了别人的要求，并认为自己应该拒绝的时候，说“不”的态度必须是温和而坚定的。

拒绝除了需要技巧，更需要耐性与关怀。若只是敷衍了事，这样只会伤害对方。